HEYNE <

Sünje Nicolaysen, Jörg Iversen
Illustrationen: Ole Schleef

Der ultimative Brau-Guide

Richtig gutes Bier aus der eigenen Küche.
Zum Profi in 111 Grafiken

WILHELM HEYNE VERLAG
MÜNCHEN

MIX
Papier aus verantwortungsvollen Quellen
FSC® C106600

Verlagsgruppe Random House FSC® N001967

Originalausgabe 09/2020

Redaktion: Dr. Michael Schmidt
Layout: Tina Polster, Paulinenplatz
Umschlaggestaltung: Hauptmann & Kompanie Werbeagentur, Zürich

Druck und Bindung: DZS Grafik, Ljubljana
Printed in Slovenia

ISBN: 978-3453605503

www.heyne.de

Inhalt

Braurezepte

Brauer

Noch mehr Brauen

Vom Glück, eigenes Bier zu brauen

Das erste selbst reparierte Fahrrad, das erste nach eigenem Rezept geglückte Brot, der erste eigenhändig geangelte Fisch – das alles sind kleine, wohlverdiente Glücksmomente. Die Flasche mit dem allerersten selbst gebrauten Bier mit einem lauten Plopp zu öffnen, es ins Glas zu füllen, die Schaumkrone zu bestaunen und einen ersten Schluck zu nehmen – das allerdings ist ein solch besonderer Moment, dass man ihn so schnell nicht wieder vergisst. Versprochen!

Wer Bier braut, sucht mit Sorgfalt die Rohstoffe für das Rezept aus, lässt am Brautag die Malzkörner durch die Finger gleiten, atmet den Duft des Hopfens ein und beobachtet später während der Gärung die Hefe bei ihrer Arbeit. Einen ganzen Brautag verbringt man mit dem Sud. Man behält beim Maischen sorgsam die Temperaturen im Auge, lässt beim Läutern die Flüssigkeit langsam über den Malzfilter laufen und füllt die Würze vorsichtig in die Gärflasche. Bier brauen ohne Liebe funktioniert nicht, stellte bereits der russische Schriftsteller Tolstoi fest. Und wie das funktioniert mit dem Selbstbrauen und der unabdingbaren Zutat Liebe, das erklären wir in diesem Buch Schritt für Schritt. Veranschaulicht – oder auch mal mit einem Augenzwinkern ergänzt – wird unsere Anleitung zum Brauen durch die Illustrationen des Hamburger Künstlers Ole Schleef.

Mit unserem Brau-Guide wollen wir all diejenigen begleiten, die noch keine oder kaum Brauerfahrung haben und erst mal klein anfangen möchten. Dabei ist es uns wichtig, dass man als Brauanfänger nicht gleich auf eine teure Hobbybrau-Ausrüstung setzen muss. Stattdessen kann man ganz bequem mit dem an Equipment starten, das sich ohnehin bereits in den Küchenschränken befindet: ein großer Topf, ein Küchensieb, ein Thermometer und eine Küchenwaage. Lediglich ein Gärbehälter samt Spund sowie eine Abfüllpumpe müssen noch hinzugekauft werden – fertig ist die heimische Küchenbrauerei.

Nun fehlen nur noch Rezepte für Lieblingsbiere und die passenden Rohstoffe – auch dazu liefern wir Seite für Seite jede Menge Information und Inspiration und verraten, wo man kleine Portionen Hopfen, Malz und Hefe kaufen kann.

Wir wünschen viel Freude beim Lesen des Brau-Guides und vor allen Dingen: gutes Gelingen beim Bierbrauen!

Die Vorbereitung

Wir werfen einen Blick in den Küchenschrank, kramen das wichtigste Equipment hervor und erklären fürs Erste schon grob den Brauablauf. Außerdem: Wie Jean Pütz das Hobbybrauen nicht nur salonfähig, sondern in Deutschlands Garagen auch legal gemacht hat.

FRAUENSACHE

Brauen lag im Verantwortungsbereich der Frauen. Und die hüteten nicht nur mit Argusaugen ihre eigenen Braurezepte, sondern luden auch zu sogenannten Bierkränzchen ein.

Wie es begann

—

Heimisches Brauen hat eine sehr lange Tradition, wurde aber durch Gesetze erheblich verkompliziert. Dass es heute jede Menge Braushops, Equipment und Hobbybrauer-Gruppen gibt, verdanken wir einem TV-Moderator.

Im Mittelalter war Heimbrauen gang und gäbe. Und das nicht ohne Grund, denn das abgekochte Bier war keimfrei und somit bekömmlicher als Wasser. Aber nicht jeder Haushalt konnte einfach losbrauen, denn offenes Feuer war in hölzernen Privathäusern oft verboten. Nicht selten aber war das Braurecht an Häuser gebunden. Später gab es Kommunbrauhäuser, in denen gemeinschaftlich gebraut und Braueinrichtungen geteilt wurden. Damit war aber Schluss, als der Durst des Fiskus groß wurde. Mit dem Biersteuergesetz von 1906 wurde zwar das Brauen zuhause nicht verboten, allerdings war es nicht mehr erlaubt, „Materialien zur Herstellung von Bier [...] in Verkehr zu bringen". Ab 1938 war sogar die Verbreitung von Braurezepten verboten. Die Heimbrau-Geschichte nahm ein vorläufiges Ende.

Den Braukessel zurück in deutsche Küchen und Garagen brachte 1982 der TV-Journalist Jean Pütz mit der Sendung Hobbythek: Um das Bierbrauen für alle ermöglichen zu können, bahnte er zunächst den rechtlichen Weg frei und handelte beim Bundesfinanzministerium eine Regelung aus, nach der man monatlich bis zu 25 Liter Bier für den Eigengebrauch brauen durfte. Die musste man zwar anmelden, aber nicht versteuern. Das war der Startschuss für alle Hobbybrauer! Mit dem Steuerbereinigungsgesetz wurde das Verbot der Verbreitung von Rezepten und Zutaten 1986 endlich gestrichen. 1993 wurde die Steuerbefreiung für Hobbybrauer ins Biersteuergesetz aufgenommen, die steuerfreie Menge auf 200 Liter pro Jahr reduziert. Pütz sei Dank!

Homebrewing in den USA

Prohibition und die Automatisierung des Brauprozesses waren in den USA ausschlaggebend für den Durst nach gutem Selbstgebrauten. Aber erst 1978 wurde ein bestehendes Heimbrau-Verbot durch den damaligen Präsidenten Jimmy Carter aufgehoben. Dies war der Startschuss für die Brau-Begeisterung, aus der die sogenannten Craft Breweries entstanden.

Jean Pütz:
Der Heimbrau-Pionier

—

Hobbythek-Folge 80 gilt unter Hobbybrauern als Geheimtipp. Wir haben Jean Pütz im Rheinland besucht und mit ihm bei grünem Tee mit Fenchel über die Entstehung der Bierbrau-Folge gesprochen.

Töpfe, eine Stoffwindel und ein Stuhl – mit dieser Ausrüstung erklärte Moderator Jean Pütz 1982 in seiner Hobbythek-Sendung den Zuschauern das Brauen zuhause. Möglich machte diese Ausstrahlung das Bundesfinanzministerium, das über seinen eigenen Schatten gesprungen sei. So zumindest leitete der Moderator die Folge ein. Tatsächlich aber hatte er selbst den Beamten zu diesem Sprung verholfen, wie der Rheinländer uns erklärt. Ganz so begeistert waren sie nämlich nicht von der Aussicht auf eine wachsende Hobbybrauer-Gemeinde. Um nicht zu sagen: Sie versuchten die Sendung zu verhindern und pochten auf die Bierverordnung. Wer Bier brauen will, muss ein Gewerbe anmelden. Punkt. „Aber ich hab mir nie sagen lassen, das geht nicht", betont Pütz.

Und so pochte er wiederum auf die Pressefreiheit, nach der er im Fernsehen erklären konnte, was er wollte. Aber viel wirkungsvoller: Bei einem Besuch im Ministerium in Bonn machte er den Beamten klar: „Dann zeig ich den Zuschauern das und dann melden die eben ein Gewerbe an. Dann ist bei euch aber alles lahmgelegt." Und so wurden nach langwierigen Verhandlungen und dem Ausblick auf unzählige Stapel von Anträgen die Regelungen schließlich aufgeweicht und die Bagatellverordnung ausgehandelt. Deutsche Heimbraugeschichte war geschrieben. Ab diesem Zeitpunkt durfte man zuhause monatlich bis zu 25 Liter Bier brauen. „Pro Familienmitglied", wie Pütz mit einem Augenzwinkern anmerkt.

Gebraut hatte er vorher noch nie. Die theoretischen Grundlagen für die Hobbythek-Folge lernte der Moderator daher von seinem Vater. Denn was kaum jemand weiß: Jean Pütz trägt Brauer-DNA in sich. Sein Vater war zwar gelernter Schneider, wurde aber nach dem frühen Tod der Eltern von einem verwandten Brauunternehmer-Paar aufgenommen. Er erlernte das Brauhandwerk und übernahm in der Brauerei „Em rude Bräues" in der Kölner Altstadt die Braukessel. Mit dem Wissen des Vaters und dessen Unterstützung im Hintergrund bereitete Jean Pütz die Sendung vor. Außerdem tüftelte er gemeinsam mit der Redaktion eine improvisierte Küchenbrauerei aus. Zum Läutern etwa wurde ein Stuhl umgedreht, über dessen Beine eine Stoffwindel gespannt. Dann wurde aufgezeichnet und gebraut – sowohl ein Kölsch als auch ein Pils.

Auf unsere Frage, ob er viel Zuspruch auf die Folge erhielt, erklärt er, dass wie nach jeder Folge Leserbriefe kamen. Und aus einigen ging hervor, dass nicht jedem das Bier gelungen war. „Aber ich bin nie beschimpft worden", betont Jean Pütz. „Es kommt beim Brauen nun mal sehr auf Hygiene an, die man einhalten muss." Lachend legt er noch nach: „Auf jeden Fall ist keiner dran gestorben." Selbstverständlich gab es auch viel Lob. Das gibt es noch heute. Auch Brauer melden sich und danken, dass diese Braufolge zur Initialzündung für den eigenen Berufsweg wurde. „Ich denke, ich hab mit der Sendung manche Leute, die nicht wussten, was sie machen sollten, zum Beruf gebracht."

Nach der Ausstrahlung im Fernsehen konnten die Zuschauer einen frankierten und adressierten Rückumschlag an die Hobbythek schicken und erhielten nach einer Weile die komplette Anleitung als Papierheftchen zurück. Insgesamt wurden laut Pütz in all den Jahren ungefähr 20 Millionen Hobbytipps, also Anleitungen in Papierform, postalisch verschickt. Im Heftchen

Bildvorlage mit freundlicher Genehmigung des WDR

der Bierbraufolge selbst steht, dass es wahrscheinlich weit über 100 000 Anfragen gab. Bearbeitet wurden diese übrigens von Knast-Insassen, wie Pütz verriet. „Da wurde auch mal der eine oder andere Kassiber aus dem Gefängnis geschmuggelt."

Alle vier Wochen wurde die Hobbythek ausgestrahlt. „So konnte man sich zwischendrin erholen", betont Pütz mit einem Schmunzeln. Nach 354 Ausgaben der Hobbythek war die DIY-Sendung der Achtziger ab Ende 2004 TV-Geschichte. Was aber bleibt, ist Pütz´ Neugier und sein Vermächtnis für uns Hobbybrauer.

UNBEDINGT ANSEHEN:

Titel: Bier selbst brauen
Hobbythek-Folge: 80
Produziert von: WDR
Dt. Erstausstrahlung: 2. Februar 1982
Zu finden u. a. bei YouTube mit den Suchbegriffen „Jean Pütz + Bierbrauen"

Brau-Ausrüstung

—

Brauen mit Utensilien aus der Küche – das funktioniert. Ein großer Kochtopf, ein Küchensieb und ein Messbecher gehören schon mal zur perfekten Grundausstattung für die kleine Heimbrauerei. Dazu noch ein paar weitere Utensilien, eine Gärflasche, ein Abfüllschlauch – und ausreichend Zeit. Natürlich nicht zu vergessen: die Rohstoffe Hopfen, Malz, Hefe und Wasser je nach Wunsch-Braurezept.

TIPP

Sämtliches benötigtes Equipment ist auch in unserem Mini-Shop zum Buch unter www.brau-guide.de/shop erhältlich. Eine Liste weiterer Hobbybrauer-Shops befindet sich im Anhang.

Gärflasche & Aufsatz

Ein Fassungsvermögen von (bevorzugt) fünf Litern, dazu ein Gummistopfen und ein Gärspund – das sind die Anforderungen an eine Gärflasche. Ist sie aus Glas, kann man beim Gären einen prüfenden Blick auf das entstehende Bier werfen und sie gut reinigen. Sets samt Stopfen und Spund findet man in Hobbybrauer-Shops. Letzteren benötigt man, damit Kohlensäure während der Gärung entweicht und Keime nicht eindringen können.

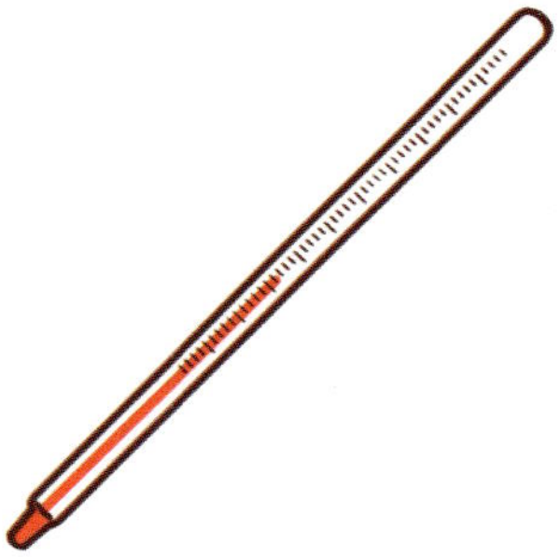

Thermometer

Beim Brauen ist es tatsächlich unerlässlich, dass man die Temperatur immer gut im Blick hat. Ein Digitalthermometer hat hier seine Vorteile, aber auch ein einfaches Stabthermometer ist bereits sehr hilfreich. Wichtige Voraussetzung: Der Messbereich zwischen 25° und 100 °C muss abgedeckt sein. Zwischen diesen Temperaturen spielen sich beim Brauen wichtige Prozesse ab, die man fast gradgenau kontrollieren und steuern muss.

Topf & Kochlöffel

Dreh- und Angelpunkt am ersten Brautag beim sogenannten Maischen und Hopfenkochen: der Kochtopf. Und der braucht ein Fassungsvermögen von acht bis zehn Litern. Das entspricht einem extragroßen Suppenkochtopf. Ein passender Deckel ist super, muss aber nicht sein. Unabdingbar hingegen ist ein langstieliger Kochlöffel. Er sorgt dafür, dass das Malz während des Maischens umgerührt werden kann und sich nicht am Topfboden festsetzt.

Eimer

Beim zweiten Brauschritt, dem Läutern, wird die Flüssigkeit vom Malz getrennt. Hier wird ein hitzebeständiger Eimer benötigt, um die Flüssigkeit aufzufangen. Er sollte ebenfalls etwa zehn Liter fassen. Alternativ können auch ein zweiter großer Kochtopf oder zwei kleinere Töpfe eingesetzt werden.

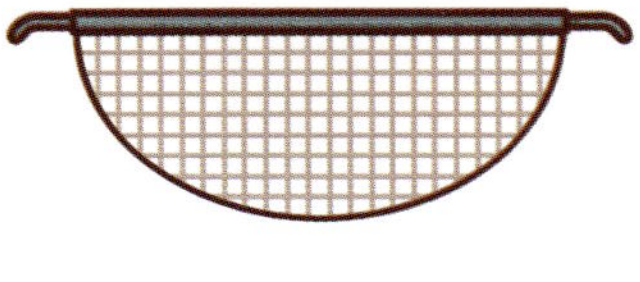

Küchensieb

Das Malz wird beim Läutern mit einem Küchensieb von der Flüssigkeit getrennt. Dieses sollte mindestens einen Durchmesser von 20 Zentimetern haben und grobmaschig sein, damit die Öffnungen nicht von den Malzkörnern verstopft werden. Tipp: Lässt sich das Sieb mit Henkel oder Ösen in den Topf hängen, hat man beide Hände frei.

Messbecher

Damit die Dosierung des Brauwassers genau dem jeweiligen Braurezept entspricht, ist ein Messbecher mit Skalierung wichtig. Hat dieser sowohl Henkel als auch Ausgießer, lässt sich mit dem Becher beim Läutern auch das heiße Wasser über das Malz geben. Das macht man, um den Malzzucker auszuwaschen.

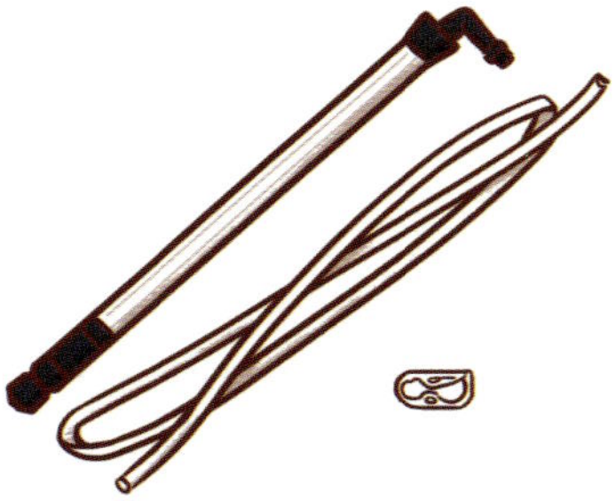

Pumpe & Schlauch

Um das Bier aus der Gärflasche in die Flaschen zu befördern, hilft eine einfache Abfüllpumpe samt Schlauch. Egal ob aus Kunststoff oder Silikon – Hauptsache der Schlauch ist etwa 1 bis 1,5 m lang. Damit der Bierfluss flaschenweise gestoppt werden kann, hilft eine passende Schlauchklemme.

Trichter

Unverzichtbarer Helfer am Abfülltag: ein herkömmlicher Trichter, zum Beispiel aus Kunststoff. Mit einem Durchmesser von mindestens zehn Zentimetern hilft er, dass das Bier am Ende des Brautages in der Gärflasche landet und nicht auf dem Küchenfußboden…

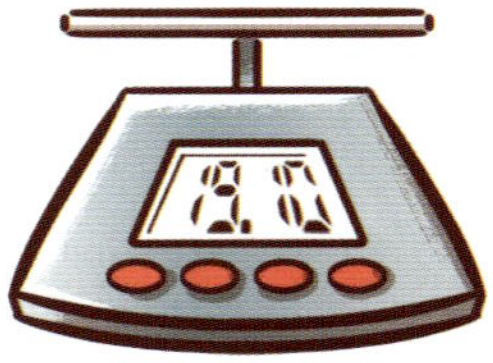

Küchenwaage

Gerade am Anfang ist das Pi-mal-Daumen-Prinzip beim Heimbrauen tatsächlich kein Garant für gutes Bier. Stattdessen hält man sich am besten strikt an die Vorgaben im Braurezept. Beim verlässlichen Abwiegen von Hopfen und Malz hilft hier eine grammgenaue digitale Küchenwaage.

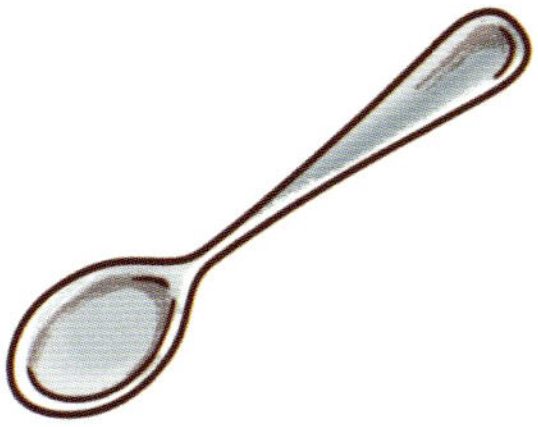

Teelöffel

Weiter geht es mit der Millimeter- beziehungsweise Milligramm-Arbeit: Damit das fertige Bier genug Kohlensäure enthält, muss man eine genau abgewogene Menge Zucker bei der Abfüllung in jede Flasche geben. Dafür kann man praktische Dosierhilfen für verschiedene Flaschengrößen kaufen oder zunächst mit einem Teelöffel improvisieren.

Leere Bügelflaschen

Bierflaschen müssen her, und zwar spätestens am Abfülltag. Am besten eignen sich leer getrunkene braune Flaschen mit praktischem Bügelverschluss, wie sie von einigen Brauereien verwendet werden. So ist der Verschluss gleich dabei. Auch in Deko-Shops wird man manchmal fündig. Für vier Liter fertiges Bier benötigt man circa zwölf 0,33-Liter-Flaschen oder acht 0,5-Liter-Flaschen.

Reinigungsmittel

Spätestens nach dem Brauschritt Hopfenkochen gilt: Die Brau-Ausrüstung muss pingelig sauber gehalten werden. Das gelingt in den meisten Fällen mit heißem Wasser. Wer auf Nummer sicher gehen möchte, setzt auf den unter Hobbybrauern beliebten Oxi-Braureiniger auf Aktivsauerstoffbasis. Tatsächlich empfehlen wir den Einsatz des Reinigers, damit ja nichts schiefgeht.

Beim Brauen gesungen, gerät das Bier.

Brauer-Weisheit

Die Brauschritte
Ein erster Überblick

—

Von wegen Raketenwissenschaft: Bier brauen besteht lediglich aus 5 Schritten: dem Maischen, dem Läutern, dem Hopfenkochen, der Gärung und der Reifung. Klingt trotzdem kompliziert? Ist es nicht! Mit der richtigen Anleitung kriegt man das ohne viel Aufwand hin. Hier eine erste Einführung, später mehr dazu.

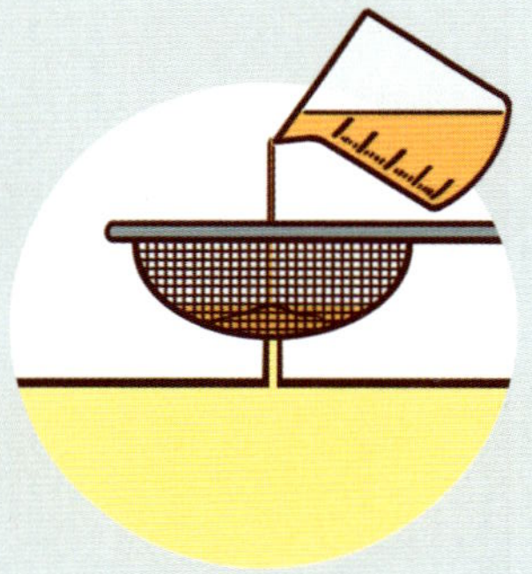

(1) Maischen

Kein Alkohol ohne Zucker. Und der kommt beim Brauen aus dem Malz. Um den Zucker aus dem Getreide lösen zu können, muss im ersten Schritt Wasser samt Malz im Topf erhitzt werden – und zwar in mehreren Temperaturstufen. Der Profi spricht auch von verschiedenen Rasten, die eingehalten werden müssen. Diese Temperaturstufen sind Voraussetzung für die Arbeit der wichtigen Enzyme. Bei diesem ersten Brauschritt entsteht die sogenannte Maische.

(2) Läutern

Weiter geht es mit der Zuckergewinnung. Als Nächstes wird geläutert, und zwar nicht die Seele, sondern die Maische. Dabei geht es darum, das Malz von der Flüssigkeit zu trennen und gleichzeitig den im Malz befindlichen Restzucker auszuwaschen. Hierfür wird das große Sieb über den Topf gehängt und Malz aus der Maische hineingeschöpft. Über dieses Malzbett, den sogenannten Treber, wird die Flüssigkeit gegeben, um den Zucker aus dem Malzschrot zu spülen.

(3) Hopfenkochen

Nun kommt der Hopfen ins Spiel. Oder besser gesagt: Jetzt hat er einen wichtigen Einsatz! Um dem Bier die typische Bittere, aber auch Aromen zu verleihen, wird die Flüssigkeit, ab nun Würze genannt, zum Kochen gebracht und der Hopfen hinzugegeben. Spätere Hopfengaben sind je nach Braurezept möglich. Das Hopfenkochen ist die Phase, in der die Würze des baldigen Bieres sterilisiert wird. Danach ist peinliche Reinlichkeit geboten – das können wir nicht oft genug betonen.

④ Hefegabe

Es wird spannend, denn nun hat die Hefe ihren Auftritt. Zur Würze hinzugegeben, lautet ihre Mission: Zucker in Alkohol und Kohlensäure umwandeln und somit aus der Würze (endlich) Bier machen. Zunächst die Würze auf Zimmertemperatur herunterkühlen lassen, dann kann die Hefe in das Gärgefäß gegeben werden. Ab jetzt übernimmt die Hefe die Arbeit, und zwar mindestens zehn Tage lang. Dabei wünscht sie sich absolute Ruhe und ihre individuelle Wohlfühltemperatur.

⑤ Abfüllen

Ist die erste Wartephase auf das Selbstgebraute überstanden, wird es Zeit für die Flaschenabfüllung. Zuvor müssen die Flaschen mit heißem Wasser oder Reinigungsmittel gut sterilisiert werden. Dann etwas Zucker in die Flaschen geben, um sicherzugehen, dass im Bier dank Nachgärung ordentlich Kohlensäure steckt. Das Abfüllen selbst wird mit zwei weiteren helfenden Händen deutlich stressfreier, zumindest wenn die Handgriffe noch nicht so geübt sind.

⑥ Flaschenreifung:

Ist das Bier komplett auf Flaschen verteilt, werden diese noch zwei bis vier Wochen stehend gelagert. Zeit genug, um individuelle Etiketten für das Selbstgebraute zu entwerfen. Und dann… darf endlich eigenes Bier verkostet werden!

SCHRITT FÜR SCHRITT

Die genaue Anleitung mit detaillierten Arbeitsschritten für den Brau- und Abfülltag gibt es im Kapitel „Braurezepte".

Das Reinigen

—

Sauberkeit hier, Sauberkeit da, Sauberkeit überall – ja, das ist nun mal so. Das bestätigt auch der Brauer aus der Brauerei nebenan: Das Reinigen der Ausrüstung gehört zum A und O beim erfolgreichen Brauen.

Infektionsrisiko

Und dieser Sauberkeitsfimmel ist nicht unbegründet, schließlich kann sich das Bier mit wilden Hefen, Milch- oder Essigsäurebakterien infizieren. Ab dem Moment des Anstellens, also der Hefegabe, gilt: Die Würze ist empfindlich.

Komplett steriles Arbeiten ist in der heimischen Küche unmöglich, aber pingelige Sauberkeit reicht fürs Heimbrauen grundsätzlich aus. Dafür alle Utensilien immer mit etwas Reinigungsmittel und heißem Wasser gründlich abspülen. Bewährt hat sich hier unter anderem Spülmaschinenreiniger. Auch die Abstell- und Arbeitsflächen gut sauber halten, damit sich Mikroorganismen in kleinen Würzespritzern und -pfützen gar nicht erst wohlfühlen und vermehren. Für einzelne Utensilien wie Rührlöffel, Trichter und Co. empfiehlt sich ein kochendes Wasserbad in einem Topf, um potenziellen „Bierschädlingen" den Garaus zu machen.

Noch sicherer und unsere Empfehlung, damit ja nichts schiefgeht mit den ersten selbst gebrauten Bieren: die Desinfektion mit speziellen Reinigungsmitteln. Damit ist man vor allen Dingen bei schwer zugänglichen Stellen wie dem Inneren des Schlauchs, des Gärbehälters und der Abfüllpumpe auf der sicheren Seite.

Hier setzen viele Hobbybrauer auf Reinigungspulver auf Aktivsauerstoffbasis, wie zum Beispiel Isopropanol oder Chemiprox OXI. Letzteres wird in einem Eimer mit Wasser verdünnt, sodass man die Ausrüstung im Tauchbad desinfizieren kann.

Die Flaschen vorbereiten

Auch die Bierflaschen unterliegen einer Art Reinheitsgebot – sie müssen weitestgehend desinfiziert sein.

✗ Manch Hobbybrauer schwört darauf, leere Pfandflaschen im Backofen „auszubacken". Davon ist abzuraten, da die Hitze enorme Spannungen im Glas hervorruft und feine Risse entstehen können. Spätestens bei der Flaschengärung und entsprechendem Druck kann das Glas nachgeben. Sprich: Es platzt, die Sauerei ist groß und das Bier weg.

✓ Die Flaschen am besten mit heißem Wasser aus der Leitung oder mit (verdünntem) Reinigungsmittel ausspülen und anschließend auf dem Kopf stehend trocknen lassen.

✓ Die Kronkorken oder das Dichtungsgummi von Bügelflaschen separat in einem Kochtopf mit Wasser auskochen.

TRINK-TIPP:

Das Bier künftig nicht direkt aus der Flasche trinken, sondern stattdessen in ein Glas umfüllen. Zumindest wenn die Flaschen später mit Selbstgebrautem befüllt werden sollen. So umgeht man die Bakterien der Mundflora, die sich als besonders hartnäckig beim Reinigen erweisen. Nicht zu vergessen: Ein Bier entfaltet im Glas sowieso viel besser seine Aromen. Welches Glas am besten zum Selbstgebrauten passt, verraten wir in den einzelnen Braurezepten.

Die Rohstoffe

Hopfen ist die Seele eines Bieres, Malz bringt den Körper – aber beide Rohstoffe können noch viel mehr. Und nicht zu vergessen: Auch die Hefe und das Brauwasser formen den Geschmack eines Bieres. Wir erklären, worauf man bei der Wahl der Rohstoffe achten sollte.

Hopfen

Einst als stabilisierende Zutat ins Bier gemischt, gilt der Hopfen heute vor allem als Seele oder Gewürz des Bieres. Und das mit Recht, denn *Humulus lupulus* glänzt als Aromenkünstler durch Vielseitigkeit.

Aber die Dolden sorgen nicht nur für Geschmack und Geruch eines Bieres, sie bringen auch noch weitere Qualitäten mit sich: Bereits im Mittelalter wusste man den haltbar machenden Effekt zu schätzen. Hopfen sichert sozusagen ein späteres Mindesthaltbarkeitsdatum und erwies sich schon damals als Möglichkeit, Bier auf längeren (See-)Wegen halbwegs konserviert in den Handel zu schicken. Seit wann Bier mit Hopfen gebraut wird, ist wissenschaftlich nicht belegt. Was man aber weiß: Bereits im 12. Jahrhundert hat die berühmte Ordensfrau und Universalgelehrte Hildegard von Bingen die konservierende Wirkung der Pflanze in Getränken in ihren Schriften beschrieben. Aber Hopfen kann noch mehr: Die Dolden wirken beruhigend, schlaffördernd und verfügen sogar über antibiotische Eigenschaften.

Nicht zu vergessen beim Bierbrauen, ist dieser wichtige Bonus-Effekt: Hopfen sorgt beim ausgeschenkten Bier für eine stabile Schaumkrone. Und die ist nicht nur stiltypisch für Bierstile wie Pils und IPA, sondern auch ein klasse Aromen- und Kohlensäuredeckel.

Pflanzenkunde: Von wegen Dolde

Die holde Hopfendolde – das klingt schön, ist aber aus botanischer Sicht falsch, denn am Hopfen hängen genau genommen Ähren, keine Dolden. Zumindest am weiblichen Hopfen. Korrekt hingegen ist die oft erwähnte Verwandtschaft zwischen der Hopfen- und der Cannabispflanze. Beide gehören der Familie der Hanfgewächse, *Cannabaceae*, an. Während aber Cannabis als umstrittener Cousin zuverlässig mit THC das Nachtleben aufmischt beziehungsweise auf dem Sofa chillen lässt, ist Hopfen der ruhige, zuverlässige Cousin, der nicht nur in der Brauerei, sondern auch mal in der traditionellen Medizin aushilft. Berauschende Wirkung – beim Hopfen Fehlanzeige, stattdessen punktet er mit nervenberuhigenden und schlaffördernden Charaktereigenschaften.

AROMEN-CHECK:

Der richtige Kniff, um Geschmack und Geruch eines Hopfens zu testen, ist das feste Zerreiben mehrerer getrockneter Dolden zwischen den Händen. So bricht man die Lupulindrüsen auf und durch die Wärmeentwicklung der Reibung wird das Aroma freigegeben.

Die Aromenbombe

Zum Brauen werden ausschließlich weibliche Hopfendolden verwendet, und die auch nur in unbefruchteter Form. Sie sind je nach Sorte eiförmig, kugelförmig oder länglich und zwischen 2 und 10 cm groß. Schneidet man die Ähre längs auf, erkennt man eine mittige Spindel, an der sich die becherförmigen Lupulindrüsen ausbilden. Die wiederum sind überdeckt von zapfenförmig angeordneten Vor- und Deckblättern. In den Drüsen steckt das Gold des Hopfens: das gelbgrüne Lupulin. Das klebrige Pulver ist die Aromenbombe im Hopfen.

Entscheidend beim Brauen ist das Lupulin mit den darin enthaltenen Hopfenölen und Hopfenharzen, genau genommen den Alpha- und Betasäuren. Die Alphasäuren werden während des Würze- beziehungsweise Hopfenkochens zu Iso-Alpha-Säuren umgewandelt und bringen die Bittere ins Bier. Hat eine Hopfensorte einen hohen Anteil Bittersäuren, teilt man sie traditionell den Bitterhopfensorten zu. Ist der Anteil geringer, spricht man von Aromahopfensorten. Das bedeutet, dass die Hopfensorte hauptsächlich als Bitter- beziehungsweise als Aromagabe verwendet wird. Ist der Anteil an Bittersäuren in einer Sorte sehr hoch, nennt man sie Hochalpha-Sorte. Im fertigen Bier gemessen sind die Iso-Alpha-Säuren übrigens die Maßeinheit für die sogenannten Bittereinheiten. Beschreibt man die Bittere, spricht man daher auch vom IBU-Wert eines Bieres, also von den International Bitterness Units.

Die Aromen stecken in den Hopfenölen. Der Gehalt an Hopfenöl geht dabei einher mit dem Gehalt an Alphasäuren. Das bedeutet: Sogenannte Bittersorten haben auch einen hohen Ölgehalt. Ursprüngliche Sorten wie Saaz und Tettnanger wiederum haben geringere Hopfenölgehalte, werden aber trotzdem als Aromahopfen beschrieben, da sie als Aromagabe beliebt sind. Verwirrend und kein Wunder, dass die Einteilung in Bitter- und Aromahopfensorten immer öfter als überholt bezeichnet wird. Denn: Im Grunde funktioniert jede Hopfensorte sowohl als Bittergabe als auch als Aromagabe.

Bei den Neuzüchtungen mit einem Extra an Aromen ist von Flavour-Hopfen die Rede. Hopfenöle sind allerdings flüchtig und gehen bei zu hohen Temperaturen verloren. Möchte man die Aromen in das spätere Bier retten, sollte der Hopfen zusätzlich zur frühen Hopfengabe auch im Kaltbereich des Brauprozesses hinzugegeben werden. Daher spricht man auch von Kalthopfung beziehungsweise Hopfenstopfen. Wie das funktioniert, steht im Kapitel „Hopfenstopfen".

Die Hopfengärten der Welt

Die Hopfenpflanze gedeiht zwar überall, aber nur zwischen dem 35. und 55. Breitengrad, und zwar nördlich wie südlich, bringt sie auch einen nennenswerten Ertrag. Nur in diesen Breitengraden erfüllt die Tageslänge die Voraussetzungen für eine Blüte. Die bedeutendsten Hopfengärten heute: die Hallertau in Bayern und das Yakima Valley im Staat Washington, USA.

So kommt der Hopfen ins Bier

Braut man mit Frischhopfen direkt vom Feld, muss man vor allen Dingen auf Zack sein, denn bei der sogenannten Grünhopfung (engl. „wet hopping") hat der Brauer nur ein Zeitfenster von wenigen Stunden, um den frischen, noch feuchten Hopfen mit all seinen Aromen im Sud verbrauen zu können. Dauert es zu lang, müffelt der Hopfen unangenehm. Aufgrund ebendieser Müffelgefahr wird der Hopfen in der Regel direkt nach der Ernte mehrere Stunden in der Darre getrocknet und anschließend verarbeitet. Ein Großteil wird zerkleinert und in Pellets gepresst.

Tatsächlich werden über 90 Prozent Hopfen weltweit in dieser Form verarbeitet. Und das nicht ohne Grund, denn die Pellets sind nicht nur praktisch zu lagern, die Inhaltsstoffe sind auch besser verteilt und der Hopfen lässt sich beim Brauen viel leichter dosieren und extrahieren. Was außerdem möglich ist: die Verarbeitung zu Hopfenextrakt und die eher seltene Lagerung als getrocknete, ganze Dolde.

Hopfenanbaugebiete der Welt

Darunter die Hallertau (D), das Yakima Valley (USA) sowie Gebiete in Tschechien, Slowenien, England, Polen, China, Australien und Neuseeland.

Sortenvielfalt – Welcher Hopfen für welchen Bierstil?

Kräuterige Noten vom Magnum oder Zitrus-Aromen von Citra – mit einem Blick auf beliebte Sorten findet man bei der Rezeptentwicklung den passenden Hopfen fürs Selbstgebraute.

Je nach Anbaugebiet, Anbaujahr und Witterung können die Geschmacks- und Aromaeigenschaften abweichen.

Hopfensorte	Alphasäuren	Beliebt in z. B.	Aromen			
Amarillo	8–11 %	Amerikanisches Pale Ale, IPA, Porter, Stout	Orange	Schwarztee	Zitrusfrüchte	Aprikose
Ariana	9–13 %	Pale Ale, IPA	Zitrusfrüchte	r. Johannisbeere	Birne	Pirsich
Aurora	5–9 % 4,5–6,5 %	Ales, Lager, Kölsch, Altbier	Zitrusfrüchte	Zitronengras	Anis	
Blanc (Hallertauer)	7–11 %	Saison, Lager, Ales	Stachelbeere	Grapefruit	Weißwein	
Brewer´s Gold	4,5–6,5 %	IPA	Zitrone	s. Johannisbeere	Melisse	Gewürze
Callista	2–5 %	Lager, Pale Ale	Pinie	Grapefruit	Pfirsich	Maracuja
Cascade	4,5–7 %	Lager, IPA, Pale Ale, Kölsch, Weizen	Erdbeere	Zitrusfrüchte	Sahnebonbon	Brombeere
Centennial	9,5–11,5 %	IPA, Pale Ale, Stout, Dunkelweizen	Zitrusfrüchte	blumig	Kamillentee	Anis
Citra	11–14 %	IPA, Pale Ale, NEIPA, Weizen	Limette	Grapefruit	Mango	

Chinook	12–14 %	(dunkles) Lager, Pale Ale, IPA, Porter, Stout	Harz	Zitrusfrüchte	Pfeffer	Lakritz
Columbus	14–20 %	Brown Ale, Stout, IPA, Pale Ale	Lakritz	Anis	Zitrusfrüchte	Brombeere
Comet	8–21 %	Pale Ale, IPA, Weizen	Blaubeere	Zitrusfrüchte		
East Kent Golding	4–7 %	Pale Ale, IPA, belgische Biere	Honig	Zitrusfrüchte	Kräuter	
Enigma	14–4,5 %	Summer Ale, IPA	Melone	Weißwein	Himbeere	r. Johannisbeere
Fuggle	3–5,6 %	Brown Ale, Barley Wine, Imperial Stout, belgische Ales	Wermut	Curry	Heu	Grüner Tee
Galaxy	14–15 %	IPA, NEIPA	Zitrusfrüchte	Maracuja		
Herkules	12–16 %	(dunkles) Lager, Bockbier	Orange	Melisse	Zitrone	Pfeffer
Hüll Melon	6–8 %	Pale Ale, Lager	Honigmelone	Erdbeere		
Lemon-drop	5–7 %	Black IPA, IPA	Zitrusfrüchte	Lakritz	Tabak	Pfeffer
Magnum	11–15 %	Lager, alle Ales	Wald	Harz	Pinie	

Hopfensorte	Alphasäuren	Beliebt in z. B.	Aromen			
Mandarina Bavaria	7–10 %	Weizen, IPA	Ananas	Mandarine	s. Johannisbeere	Stachelbeere
Merkur (Hallertauer)	10–14 %	(dunkles) Lager, Pilsner	Minze	Ananas	Zitrusfrüchte	blumig
Mittelfrüh (Hallertauer)	3–5,5 %	Belgische Ales, Lager, Kölsch, Altbier, Weizen, Weizenbock	Lakritz	Anis	Zitrusfrüchte	Brombeere
Motueka	6–8 %	Bock, dunkles Lager, Bitter	Zitrone	Tropenfrüchte	Limette	
Nelson Sauvin	12–13 %	IPA, Porter, Stout, Bitter	Zitrusfrüchte	Weißwein	Stachelbeere	
Northern Brewer	5–9 %	Weizen, Brown Ale, Porter, Stout	Erde	Harz	Kräuter	blumig
Nugget	11–15 %	IPA, Pale Ale, Imperial Stout	Zitrone	Ingwer	Ananas	Litschi
Perle	4–9 %	Pilsner, Kölsch, belgische Ales	Stroh	Aprikose	Zitrone	Honig
Polaris	19–23 %	IPA, Pale Ale	Eisbonbon	Ananas	Minze	Zitrone
Saazer	2–5 %	Pilsner, Kölsch, Altbier	Zitrone	Gras	blumig	

Saphir	2–4,5 %	Pilsner, belgische Ales, Bock, Rauchbier	Erdbeere	Schwarztee	Zitronengras	Wacholder
Simcoe	11–15 %	(Black) IPA, Pale Ale	Wald	Grapefruit	Maracuja	Harz
Spalter	3–6,5 %	Pilsner, Altbier, Rauchbier, Weizen	Tee	reife Bananen	Tonkabohnen	Waldmeister
Summit	16–18 %	Porter, Stout, IPA	Zitrone	Orange	Grapefruit	
Strisselspalt	1,8–2,5 %	Belgische Ales, Pilsner, Rauchbier, Weizen	s. Johannisbeere	Grapefruit	Zitronengras	Zitrusfrüchte
Target	9–11 %	Black IPA, IPA, Porter, Stout	Lakritz	Pinie		
Taurus (Hallertauer)	12–17 %	Kölsch, Weizen, Weizenbock	Curry	Bitterschokolade	reife Banane	Wermut
Tettnanger	2,5–5,5 %	Weizen, Märzen, Kölsch, Helles	Schwarzer Tee	Schokolade	Lebkuchen	blumig
Wai-iti	2–4 %	IPA, Pale Ale, Weizen	Ananas	Pinie	Limette	Mandarine
Warrior	13–15 %	Bitter, Brown Ale, IPA	Kräuter	Pinie	Harz	
Whitbread Golding	5,4–7,7 %	IPAs, Porter, Stout	Feige	Banane	Lakritz	Aprikose

Malz

Des Bieres Traube ist das Getreide. Das Korn bildet in Form von Malz den Stärkelieferanten, der benötigt wird, um Alkohol zu erzeugen. Malz kann aber noch viel mehr, denn es verleiht dem Bier Körper und außerdem Aromen von Brotkruste über Schokodessert bis hin zu frisch aufgebrühtem Espresso.

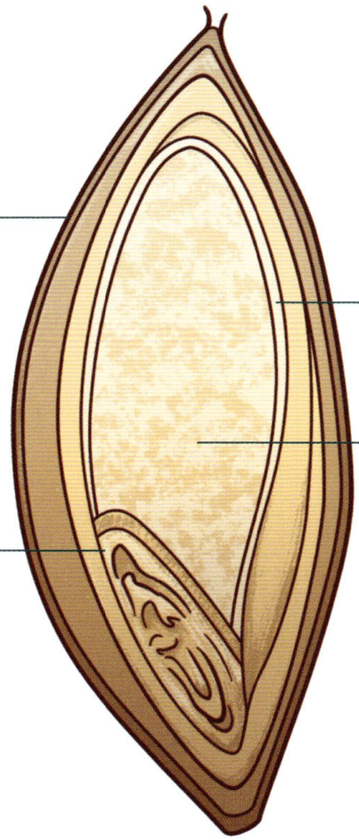

Wie wird aus Getreide Malz?

Zunächst von Anfang an: Malz ist Getreide, das künstlich zum Keimen gebracht wurde. Der Rohstoff Malz wächst also nicht irgendwo auf unseren Feldern, sondern entsteht durch eine gezielte Weiterverarbeitung. Und die geschieht in der sogenannten Mälzerei. Hier wird der natürliche Vorgang des Keimens im Boden gezielt imitiert, damit das Korn die fürs Brauen wichtigen Enzyme bildet.

Das Korn besteht zu etwa 60 Prozent aus Stärke. Und die steckt größtenteils im Mehlkörper des Korns, dem Lunchpaket des Keimlings. Auf diese Reserve greift der Keimling zurück, sobald er Energie zum Keimen benötigt. Um das Paket zu knacken, aktiviert das Korn Enzyme. Diese Enzyme sind wichtig für den Brauer. Sie bauen später beim Maischen die Stärke zu vergärbarem Malzzucker ab, der für die Gärung benötigt wird.

7 Tage in der Mälzerei

① Weichen

Vom Feld geerntet wird das Getreide zuallererst gründlich gereinigt und sortiert, erst dann kommt es in die sogenannte Weiche. Hier wird es bis zu drei Tage eingeweicht und abwechselnd mit Wasser und Sauerstoff durchmischt. Das bringt Leben ins Getreide. Bei Temperaturen zwischen 12 und 17 °C wird dem Korn suggeriert: Endlich Frühling – ich möchte in der Erde keimen und wachsen.

② Keimen

Keimen ist das Stichwort, denn nun wandern die aufgequollenen Körner für etwa vier bis sieben Tage in den Keimkasten. Temperatur, Sauerstoff- und Wassergehalt übernehmen nun beim Keimen die Kontrolle. Es beginnt die Bildung und Vermehrung der wichtigen korneigenen Enzyme, die Zellwände, Eiweiß und Stärke abbauen. Die Wurzelkeime werden sichtbar – man spricht in dieser Zwischenstufe bei den gekeimten Körnern von Grünmalz. Das Malz ist zu diesem Zeitpunkt verderblich. Haltbar wird es erst durch den Wasserentzug im nächsten Schritt.

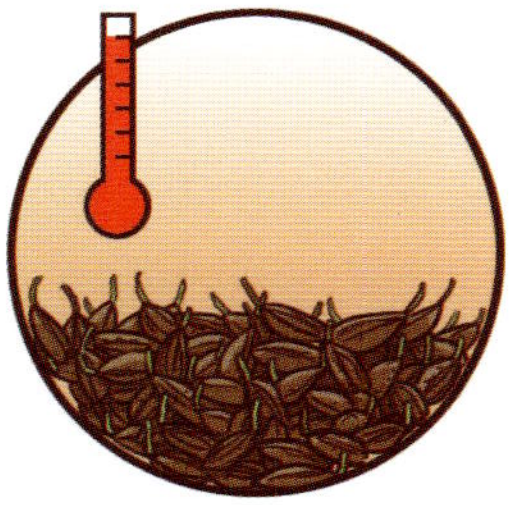

③ Darren

Nach dem abgeschlossenen Keimvorgang wird an den letzten ein bis zwei Tagen gedarrt, um dem Grünmalz Feuchtigkeit zu entziehen und die Keimung zu stoppen. Das Trocknen beginnt schonend mit dem Schwelken bei maximal 60 Grad. Anschließend werden beim Abdarren je nach Temperatur Farb- und Aromastoffe gebildet. Grob gesagt liegt die Temperaturspanne für helles oder dunkles Malz zwischen 80 und 105 Grad. Wichtig beim Darren: Die fürs Maischen wichtigen Enzyme werden deaktiviert und in einen Stand-by-Modus versetzt.

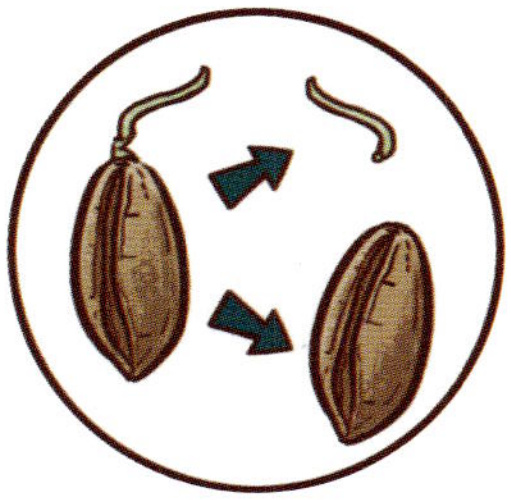

④ Entkeimen

Im letzten Schritt wird das Braumalz von den bitteren und eiweißhaltigen Wurzelkeimen befreit. Letztere werden als beliebtes Viehfutter verwendet. Vor der Verarbeitung in Brauereien wird frisches Darrmalz zunächst mindestens vier Wochen in großen Malzsilos gelagert.

Welche Zerealien stecken im Bier?

—

Hinter jedem Malzkorn steckt ein Getreide. Das muss übrigens nicht immer das Gerstenkorn sein! Auch andere Zerealien haben das Zeug zum Stärkelieferanten – oder geben sich zumindest hilfreich als Unterstützer.

Gerste

Der Klassiker unter den Brau-Getreidesorten ist die zweizeilige Sommergerste. Beim Spaziergang an Feldern vorbei erkennt man sie an ihren Ähren, an denen zwei Zeilen beziehungsweise Reihen Körner wachsen. Und sie ist beim Brauen nicht grundlos ein echter Garant: Gerste ist reich an Stärke und hat einen niedrigen Eiweißgehalt. Ihre Spelzen bilden beim Läutern perfektes natürliches Filterpapier.

Weizen

Des Brauers zweitliebstes Getreide ist der Weizen, der gerade bei deutschen Bierstilen wie dem Namensvetter wichtiger Stärkelieferant ist. Für Weizenbier gilt: Mindestens die halbe Menge Malz muss aus Weizen bestehen. Geht der Trend zum Zweit-Malz, sorgt Weizenmalz für Säure und Frische im Bier, sowie für eine feine und stabile Schaumkrone. Das Läutern hingegen wird mit Weizen etwas beschwerlicher, da der Treber relativ kompakt wird.

Roggen

Wer mit Roggen braut, benötigt noch mehr Geduld, denn bei seinem hohen Gehalt an Pentosanen, sprich Schleimstoffen, wird die Würze schnell zur teigigen Masse. Läutern wird so zur Geduldsprobe. Wird die Würze aber zu Bier, überzeugt es mit kernigen, oft brotigen Noten und einer milden Säure. Die Konsistenz des Bieres wird durch den Roggen etwas ölig, sodass das Mundgefühl als cremig oder samtig beschrieben wird.

ROHFRUCHT

ist ungemälztes Getreide. Traditionell in der Schüttung ist etwa Weizen bei Witbier oder Gerste bei irischem Stout.

Hafer

Einen süßlichen Geschmack sowie Trübe erhält das Bier durchs Brauen mit dem Getreide, dessen Körner nicht in Ähren, sondern in Rispen angeordnet sind. Die Zugabe von Hafermalz in der Schüttung verleiht dem fertigen Bier einen nussigen, leicht säuerlichen Geschmack und eine seidige Textur. Hafer sorgt für einen cremigen Schaum; ist der Schüttungsanteil zu hoch, geht das auf Kosten der Schaumstabilität. Schuld daran: ein hoher Fettanteil.

Mais

Als Bier-Rohstoff in Afrika und Südamerika nicht wegzudenken, landet das Korn hierzulande selten im Braukessel. Dabei wird es in der Regel unvermälzt als Flocken, Grieß oder Schrot eingesetzt, muss jedoch vor dem Maischen gekocht werden. Problematisch ist dabei der hohe Fettgehalt des Keimlings und die damit verbundene schlechte Schaumstabilität. Mit Mais gebrautes Bier schmeckt letztendlich süßlich mit einem typischen Maisaroma.

Reis

Als Rohfrucht wird auch Reis verbraut, häufig in Form von Bruchreis. Mit Reis gelingen spritzige, trockene Biere. Gerade bei solchen sogenannten schlanken Bieren bereitet er als Stärkelieferant den Hopfenaromen eine perfekte Bühne. Der kostengünstige Stärkelieferant ist auch in amerikanischen und asiatischen Lagerbieren beliebte Zutat. Plus: Er eignet sich zum Brauen von glutenfreien Bieren.

Der Malz-Farbkreis:
Von hell bis dunkel

ROHGETREIDE

- **P** Haferflocken
- **Q** Gerstenflocken
- **R** Maisflocken

WEITERE GETREIDEMALZE

- **M** Roggenmalz
- **N** Weizenmalz
- **O** Hafermalz

SPEZIALMALZE

- **J** Rauchmalz
- **K** Melanoidinmalz
- **L** Sauermalz

Oft als Farbpalette des Brauers bezeichnet, zeigen sich die verschiedenen Malzsorten von ihrer künstlerischen Seite. Dabei gilt: Je dunkler das Malz, desto dunkler das Bier. Also ran an die Palette!

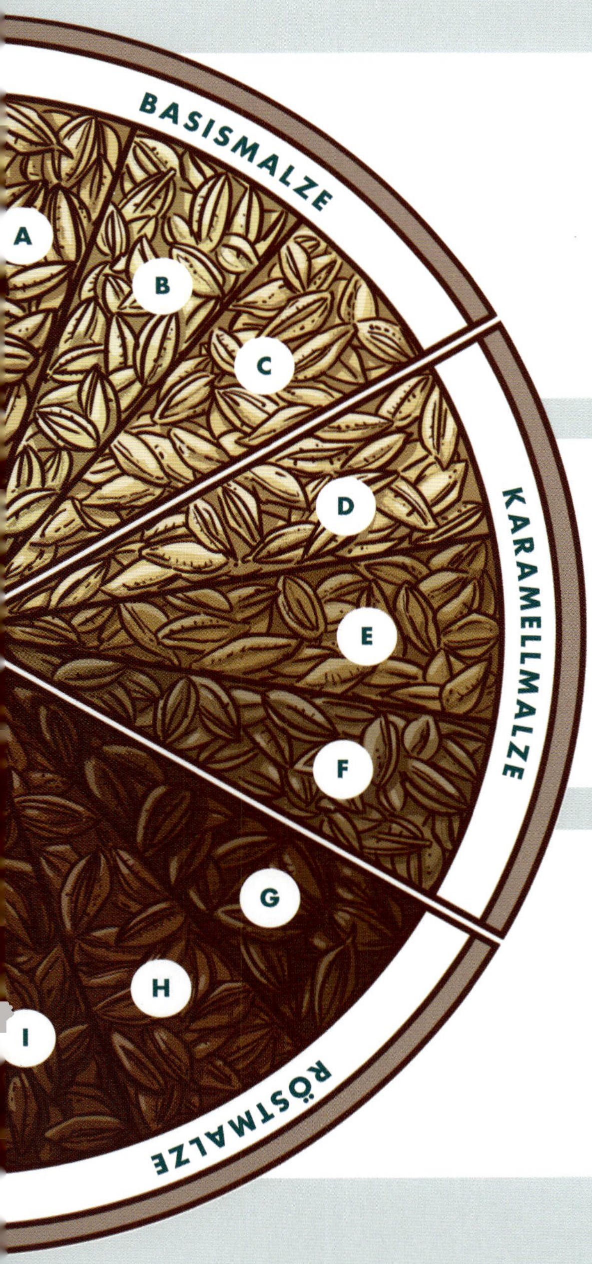

BASISMALZE

- **A** Pilsner Malz
- **B** Wiener Malz
- **C** Pale Ale Malz

KARAMELLMALZE

- **D** Helles Karamellmalz
- **E** Rotes Karamellmalz
- **F** Dunkles Karamellmalz

RÖSTMALZE

- **G** Röstmalz Typ I
- **H** Röstmalz Spezial
- **I** Weizen-Röstmalz

Welches Malz für welchen Bierstil?

—

Draus wird, was drin steckt. So oder ähnlich lässt sich auch die Verwendung der verschiedenen Malzsorten in der Schüttung beschreiben. Ungefähre Richtwerte, wichtige Charakteristika und etwas Aromenkunde helfen beim Griff zum richtigen Malz für das Wunschbier.

Malzsorte	EBC-Wert	Charakteristika	Max. Anteil in Schüttung	Markenname / engl. Name
Basismalze				
Pilsner Malz	2–5	Beliebtes Basismalz für Pilsnerbiere und andere Lagerbiere	Bis zu 100 %	Pilsen Malt, Pilsen 2row, Château Pilsen®
Pale Ale Malz	5–7	Leicht nussiges Basismalz für Ales, Stouts & Porter	Bis zu 100 %	
Wiener Malz	8–10	Basismalz für bernsteinfarbene Biere, z. B. Export, Märzen & Wiener Lager	Bis zu 100 %	Vienna Malt, Château Vienna®
Münchner Malz	12–25	Oft für dunkle Biere eingesetztes Basismalz mit kräftigem Malzaroma und rötlich-brauner Farbe	Bis zu 100 %	Munic Malt, Château Munich®
Karamellmalze				
Extra helles Karamellmalz	3–5	Verbessert Schaumbildung und -stabilität, erhöht die Vollmundigkeit	Bis 10 %	Carapils®, Carafoam®, Chateau Cara Clair®, Dextrin Malt
Helles Karamellmalz	20–30	Erhöht die Vollmundigkeit und intensiviert das Malzaroma, dazu leichte Karamellnoten und eine sattere Farbe bei hellen Bieren	Bis 30 %	Carahell®, CaraMalt, Château Cara Blond®
Rotes Karamellmalz	40–50	Erhöht die Vollmundigkeit und intensiviert das Malzaroma, sorgt für eine rötliche Bierfarbe. Dazu: Aromen von Karamell und Honig	Bis 25 %	Carared®, Chateau Cara Ruby®
Dunkles Karamellmalz	80–160	Erhöht die Vollmundigkeit und intensiviert das Malzaroma, sorgt für eine dunkle Bierfarbe. Dazu: Aromen von Karamell und Gebäck	Bis 10 %	Crystal 30/40/60, Light/Medium/Dark Crystal, Caramünch® I/II/III

Malzsorte	EBC-Wert	Charakteristika	Max. Anteil in Schüttung	Markenname / engl. Name
Sehr dunkles Karamellmalz	350–450	Erhöht die Vollmundigkeit und intensiviert das Malzaroma, dazu: Aromen von dunklem Karamell und gerösteten Nüssen. Sorgt für eine sehr dunkle Bierfarbe	Bis 15 %	Caraaroma®
Weizen-Karamellmalz	100–130	Erhöht die Vollmundigkeit und erzeugt das typische Weizenbieraroma. Sorgt für dunkle Bierfarbe	Bis 15 %	Carawheat®, Caracrystal® Wheat 55L, Crystal Wheat Malt

Röstmalze

Röstmalz Typ I, II und III	800–1500	Verleiht z. B. Stout und Porter das typische schokoladen- und kaffeeartige Röstaroma und die dunkle Bierfarbe	Bis 5 %	Carafa® I/II/III, Chocolate/Dark Chocolate/Black Malt, Chateau Chocolat/Black®
Röstmalz Spezial Typ I, II und III	800–1500	Röstmalz aus entspelzter Gerste, dadurch weniger bitter als normales Röstmalz	Bis 5 %	Carafa® Spezial I/II/III
Weizen-Röstmalz	900–1200	Verleiht dem Bier ein mildes Röstaroma, beliebt für Altbiere und dunkle Weizenbiere	Bis 5 %	Roasted Wheat, Chocolate Wheat, Midnight Wheat Malt®

Spezialmalze

Rauchmalz	3–6	Wird über Feuer gedarrt und erzeugt die typischen Lagerfeuer- und Schinken-Aromen in Rauchbieren	Bis 100 %	Smoke Malt
Sauermalz	3–7	Mit Milchsäurebakterien gesäuertes Malz. Wird verwendet, um z. B. ungewollte Eigenschaften der Basismalze oder des Brauwassers zu korrigieren	Bis 5 %	Acid Malt, Sour Malt, Château Acid®
Melanoidinmalz	60–80	Erzeugt eine leuchtend rötliche Färbung im Bier, steigert die Vollmundigkeit und Geschmacksstabilität	Bis 20 %	Château Melano®, Aromatic Malt

Malzsorte	EBC-Wert	Charakteristika	Max. Anteil in Schüttung	Markenname / engl. Name
Whiskymalz	2–5	Ursprünglich für Whiskyproduktion eingesetztes Malz. Über Torfrauch gedarrt verleiht es entsprechende Aromen	Bis 10 %	Peated Malt, Chateau Whisky®
Spitzmalz	2–5	Sehr eiweißreiches Malz, trägt zur Verbesserung der Schaumstabilität bei	Bis 15 %	Chit Malt
Weitere Getreidemalze				
Roggenmalz	4–10	Erzeugt ein cremig-weiches Mundgefühl und verleiht ein roggentypisches, brotiges Aroma	Bis 60 %	Chateau Rye®, Rye Malt
Weizenmalz	3–5	Für schlanke, spritzige Biere mit typischem Weizenaroma. Vorsicht: Ein zu hoher Anteil kann zu Problemen beim Läutern führen	Bis 50 %	Chateau Wheat Blanc®, Wheat Malt
Hafermalz	3–8	Verbessert Vollmundigkeit und Schaumstabilität. Sorgt für eine cremige, seidige Textur	Bis 20 %	Chateau Oat®, Oat Malt
Rohgetreide				
Haferflocken	2–4	Verbesserung der Schaumstabilität und des Mundgefühls	Bis 25 %	Flaked Oats
Gerstenflocken	2–4	Erzeugt helle, milde und trockene Biere. Verleiht dem Bier einen würzigen Getreidecharakter und verbessert die Schaumkrone	Bis 25 %	Flaked Barley
Maisflocken	1	Hellt die Bierfarbe auf, erzeugt schlanke, milde und trockene Biere	Bis 40 %	Flaked Corn
Reisflocken	1	Zugabe führt zu einem trockeneren Bier, wodurch der Hopfencharakter besser zur Geltung kommt	Bis 10 %	Flaked Rice

Hefe

—

In den allermeisten Fällen eine Diva, aber mit den richtigen Handgriffen zu zähmen: Die Hefe bringt Alkohol und Kohlensäure ins Bier, fordert aber nicht nur ihre ganz eigene Wohlfühltemperatur, sondern auch eine ordentliche Portion Zucker zum Naschen. Fühlt sie sich pudelwohl, ist sie in ihrem Fleiß kaum zu bremsen.

Mit ihrem offiziellen Titel *Saccharomyces cerevisiae* ist die wundersame Hefe erst seit Entdeckung der Mikroskoptechnik bekannt. Vorher stellte die geglückte Verwandlung von Brottrunk in heiter machenden Wundertrunk ein nicht nachvollziehbares Mysterium dar. Und nicht immer glückte den Brauern dieses Wunder... Erst Ende des 19. Jahrhunderts konnte man das Phänomen wissenschaftlich nachvollziehen und erklären: Es sind etwa fünf bis zehn Mikrometer kleine Hefezellen, die den Malzzucker sowohl in Alkohol als auch in Kohlensäure umwandeln.

Die faszinierende Diva ist also ein Mikroorganismus, ein einzelliges Lebewesen, das Zucker nascht. Und ist der Zucker erst mal verdaut, entweichen den Hefezellen – Pardon, Madame – Verdauungsgase: die Kohlensäure. Fast beiläufig scheiden sie auch noch Alkohol aus. Überdies – und dafür wird die Dame viel zu selten gehuldigt – entwickelt die Hefe das Bierbukett. Es entsteht während der Gärung und besteht aus flüchtigen und nichtflüchtigen Gärungsnebenprodukten, genau genommen chemischen Verbindungen wie Ester und Phenole. Und die prägen nicht nur immens den Geschmack belgischer Biere, sondern auch den eines klassischen Weizens.

Die verschiedenen Hefecharaktere

Aber Diva ist nicht gleich Diva, es gibt verschiedene Charaktere. Und die lassen sich in zwei verschiedene Typen einteilen: obergärige und untergärige Hefen. Das gilt zumindest im Hinblick auf Reinzuchthefen. Dazu kommt noch ein spontaner Typ: die spontane Gärung. In Belgien noch weit verbreitet, sind die in der Luft vorkommenden Kulturen in unserem fast schon klinisch sauberen Braueralltag (fast) in Vergessenheit geraten.

Die Obergärige, auch Ale-Hefe genannt, ist die gesellige, fast schon etwas anhängliche Hefe, die richtig aufdrehen kann, wenn sie möchte. Am hungrigsten ist die Ale-Hefe bei Temperaturen zwischen 16 und 24 Grad Celsius, dann steigt nicht nur ihr Appetit, sondern auch ihr Drang nach Nähe. Sprich: Sie vermehrt sich durch Sprossung und jede Tochterzelle will die Familie nicht verlassen und ordnet sich zu Zellverbänden an. Dabei reihen sich die Hefezellen wie kleine Perlen zu einer Kette zusammen. Gleichzeitig scheiden sie Kohlensäurebläschen aus, die einen Auftrieb erzeugen und sich in der langen Kette verfangen, sodass diese zur Oberfläche aufsteigt. Schon hat die Hefe sich den Namen obergärig verdient.

Neben Alkohol und Kohlensäure scheidet die Hefe fleißig die für sie typischen Gärungsnebenprodukte aus. Und die verleihen obergärigen Bieren oft einen besonders komplexen Geschmack. Bestes Beispiel dafür sind die bananen- oder nelkenähnlichen Aromen im obergärigen Weizenbier.

Ein ganz anderer Typ ist die **untergärige Hefe**... Mit ihrem eher unterkühlten Charakter ist sie überzeugte Einzelgängerin. Sie gedeiht und vermehrt sich gern bei kälteren Temperaturen – 6 bis maximal 12 Grad Celsius entsprechen ihrem Wohlfühlbereich. Die Hefezellen bilden dabei keine Zellverbände, sodass die Kohlensäurebläschen einfach aufsteigen, während die Hefe, nach getaner Arbeit und ausbleibender Gasproduktion, nach unten sinkt. Daher der Name untergärig. Sie wird übrigens auch Lager-Hefe genannt. Die intensiven Gärungsnebenprodukte werden durch die längere Reifungszeit abgebaut und harmonische Bukettstoffe aus der Lagerung bilden sich aus. Damit gebraute Biere zeichnen sich durch einen klaren und trockenen Geschmack aus. Für Brauanfänger sind untergärige Hefen nicht die allerbeste Wahl, da sie schwieriger zu bändigen sind. Sie fordern ein geübtes und geduldiges Händchen bei der Temperaturführung, die bis zu eisigen Temperaturen gehen kann. Fehler beim Hefemanagement enden mit ihr schneller in unerwünschten Fehlaromen.

Nicht zu vergessen sind die jungen Wilden unter den Hefen. Und die sind meist alles andere als jung, dafür aber umso spontaner und das Geheimnis vieler belgischer Biere. Diese wilden Hefen sind größtenteils obergäriger Natur und stecken hinter der sogenannten **Spontanvergärung,** der ursprünglichen Gärart aller Braukünste. Bei der Spontangärung findet, wie der Name es schon ahnen lässt, in der Regel keine Hefegabe durch den Brauer statt. Die Gärung wird stattdessen durch Hefesporen in Gang gesetzt, die sich in der Luft oder im Gebälk der Brauerei tummeln. Das funktioniert natürlich nur bei offenen Gärbottichen und ist nicht auf den Tag genau planbar. Mitunter muss der Brauer sich in Geduld üben, die sich aber lohnt: Heraus kommen Biere mit einem fein säuerlichen Geschmack und komplexen Aromen, die häufig bei der Fermentation unterschiedlicher Hefe- und Bakterienstämme entstehen.

TIPP FÜR BRAUANFÄNGER:

Bei den ersten Brauversuchen ist die obergärige Hefe ein dankbarer Helfer für den Einstieg, denn sie vergärt nicht nur bei Zimmertemperatur, sondern bestraft Fehler bei der Gärführung nicht unbedingt mit unangenehmen Aromen.

Die richtige Hefe auswählen

Ende des 19. Jahrhunderts wurde im Kopenhagener Labor der Carlsberg Brauerei das erste Mal eine Hefezelle isoliert. Dem Forscher Emil Christian Hansen gelang es dabei nicht nur, einzelne Zellen herauszulösen, sondern sie auch anschließend in Reinzucht zu vermehren. In diesem Moment war die Reinzuchthefe, wie man sie im Handel findet, geboren. Heute kann man für das Selbstgebraute ganz bequem bei verschiedenen Herstellern einen passenden Hefestamm auswählen und überlässt so den Gärvorgang nicht mehr dem Zufall.

Gärtemperatur

Je nach Rezept entscheidet der Bierstil bereits, ob zum Brauen eine untergärige oder eine obergärige Hefe benötigt wird. Ein Weizen, ein Kölsch oder etwa ein Porter werden obergärig gebraut, andere Biere wie ein Pilsner, ein Märzen oder ein Bockbier hingegen untergärig. Und je nachdem legt die Hefeart somit auch fest, ob die Gärtemperatur eine Kühlung voraussetzt. Wer sich an das Brauen mit der anspruchsvolleren untergärigen Hefe herantraut, benötigt auf jeden Fall einen Extra-Kühlschrank, denn sie zieht eine konstante Temperatur vor, um sauber zu arbeiten. Welche Temperatur ein Hefestamm bevorzugt, das verrät die sogenannte Gärtemperatur, die vom Hersteller in der Regel mit einer Temperaturspanne angegeben wird.

Endvergärungsgrad

Die Fähigkeit des jeweiligen Hefestamms, möglichst viel Zuckergehalt in Alkohol und Kohlensäure umzuwandeln, wird vom Endvergärungsgrad beschrieben. Es gibt Hefen, die viel Zucker abbauen, und andere, die zurückhaltender arbeiten. Ist der Vergärungsgrad einer Hefe niedrig, bleibt mehr Restextrakt im Jungbier, und der Zuckergehalt zum Ende der Gärung ist hoch. Ist der Vergärungsgrad aber hoch, bleibt weniger Restextrakt im fertigen Bier übrig. Und dieser Restextrakt beeinflusst letztendlich die Restsüße des Bieres. Sprich: Je mehr Restextrakt übrig ist, desto süffiger schmeckt es. Ist der Endvergärungsgrad eines Hefestamms hingegen hoch, entstehen schlanke, trockene Biere, deren Hopfenbittere stärker hervortritt.

Sedimentation

Ein weiteres interessantes Auswahlkriterium bei der Suche nach dem passenden Hefestamm fürs Selbstgebraute ist die Angabe zur Sedimentation. Sie beschreibt, wie schnell und gründlich die Hefezellen nach der Gärung auf den Boden der Gärflasche oder des Gärbottichs sinken und das Jungbier klären. Die Sedimentation reicht je nach Hefestamm von niedrig bis hoch. Niedrig sedimentierende Hefen nennt man Staubhefen, die man beispielsweise vom hefetrüben Weißbier kennt. Die meisten untergärigen Hefen sind Bruchhefen und sorgen für eine gute Bierklärung.

TROCKEN ODER FLÜSSIG – WAS DARF´S DENN SEIN?

Trockenhefe ist nicht nur günstiger und hat eine längere Haltbarkeit, sie hat auch in der Anwendung ihren Vorteil: Nach dem Motto „Tütchen auf und rein damit" ist sie äußerst Brauanfängertauglich. Dafür ist aber die Auswahl kleiner als bei Flüssighefen. Nichtsdestotrotz findet man gerade zu Beginn mit Sicherheit eine passende Hefe in dieser Form.

Sehr viel sortenreicher und für Bierstile wie Hefeweizen besser geeignet sind **Flüssighefen**. Allerdings sind diese Hefen auch teurer. Die in kleinen Behältern verpackten Hefen müssen außerdem nicht nur gekühlt gelagert, sondern zudem gekühlt transportiert werden. Es empfiehlt sich überdies, die Hefen innerhalb von wenigen Wochen zu verbrau(ch)en.

Geordnetes Hefe-Potpourri: Welche Sorte für welches Bier?

Fruchtige Ester- oder buttrige Diacetylnoten – auch die Hefe hat beim Geschmack eines Bieres ein Wörtchen mitzureden. Hier eine Übersicht beliebter Hefesorten und passender Bierstile.

Hefesorten	Beliebt in	Hersteller	Hefename	Trocken- oder Flüssighefe	Endvergärungsgrad	Sedimentation	Gärtemperatur
Amerikanische Ale-Hefen							
Relativ neutraler Geschmack, geringe Fruchtnote, perfekt für Biere mit Hopfen- oder Malzcharakter	American IPA, American Pale Ales, American Amber Ales, New England IPAs, Double IPAs	Wyeast	1056 American Ale	Flüssig	73–77 %	niedrig bis mittel	16–22 °C
		White Labs	WLP001 California Ale Yeast	Flüssig	73–80 %	mittel	20–22 °C
		Fermentis	Safale US-05	Trocken	81 %	mittel	15–22 °C
		Mangrove Jack`s	M44 US West Coast	Trocken	77–85 %	hoch	15–22 °C
		Lallemand Brewing	Lalbrew Bry-97 American West Coast	Trocken	80 %	hoch	15–22 °C

Hefesorten	Beliebt in	Hersteller	Hefename	Trocken- oder Flüssighefe	Endvergärungsgrad	Sedimentation	Gärtemperatur
Britische Ale-Hefen							
Vielseitige Hefestämme mit leicht fruchtiger Esternote, die getreidige und brotige Malznoten unterstreichen und das Bier schnell klären	English Brown Ales, English Pale Ales, English IPAs, Bitters	Wyeast	1098 British Ale	Flüssig	73–75 %	mittel	18–22 °C
		White Labs	WLP005 British Ale Yeast	Flüssig	67–74 %	hoch	19–21 °C
		Fermentis	Safale S-04	Trocken	75 %	hoch	15–20 °C
		Mangrove Jack`s	M36 Liberty Bell Yeast	Trocken	74–78 %	hoch	18–23 °C
		Lallemand Brewing	Lalbrew Nottingham Ale	Trocken	70–80 %	hoch	10–22 °C
Belgische Ale-Hefen							
Hefestämme, die charakterstarke Biere mit komplexen Frucht- und Esteraromen produzieren, oft mit Noten von Pfeffer und Nelken. Plus: sehr tolerant gegenüber hohem Alkoholgehalt	Belgian Strong Ales, Dubbels, Tripels, Bière de Garde, Trappist Single	Wyeast	3787 Trappist Style High Gravity	Flüssig	74–78 %	mittel	18–25 °C
		White Labs	WLP540 Abbey IV Ale	Flüssig	74–82 %	mittel	19–22 °C
		Mangrove Jack`s	M47 Belgian Abbey	Trocken	73–77 %	hoch	18–25 °C
		Lallemand Brewing	Lalbrew Abbaye Belgian Ale Yeast	Trocken	75–80 %	mittel bis niedrig	18–22 °C

Hefesorten	Beliebt in	Hersteller	Hefename	Trocken- oder Flüssighefe	Endvergärungsgrad	Sedimentation	Gärtemperatur

Weizenbier-Hefen

Hefesorten	Beliebt in	Hersteller	Hefename	Trocken- oder Flüssighefe	Endvergärungsgrad	Sedimentation	Gärtemperatur
Typische Weißbier-aromen, d. h. ein fruchtig-würziges Aromenprofil mit einer ausgewogenen Balance zwischen Nelken- und Bananen-Estern	Weißbier, Weizenbock	Wyeast	3068 Weihenstephan Weizen	Flüssig	73–77 %	niedrig	17–24 °C
		White Labs	WLP300 Hefeweizen Ale Yeast	Flüssig	72–76 %	niedrig	20–22 °C
		Mangrove Jack`s	M20 Bavarian Wheat	Trocken	70–75 %	niedrig	18–30 °C
		Lallemand Brewing	Lalbrew Munich Classic	Trocken	70–75 %	niedrig	17–22 °C

Weitere Ale-Hefen: Besondere Umstände erfordern besondere Maßnahmen, auch bei Hefen

Belgische Witbier-Hefen

Hefesorten	Beliebt in	Hersteller	Hefename	Trocken- oder Flüssighefe	Endvergärungsgrad	Sedimentation	Gärtemperatur
Üblicherweise eingebraut mit Koriander und Orangenschale machen passende Hefen ein Witbier mit würzig-pfeffrigen Ester-Noten perfekt	Witbier	Wyeast	3944 Belgian Witbier	Flüssig	72–76 %	mittel	17–24 °C
		White Labs	WLP400 Belgian Wit Ale Yeast	Flüssig	74–78 %	mittel	19–23 °C
		Gozdawa	Classic Belgian Witbier	Trocken	70–75 %	gering	16–25 °C

Hefesorten	Beliebt in	Hersteller	Hefename	Trocken- oder Flüssighefe	Endvergärungsgrad	Sedimentation	Gärtemperatur
Stout- & Porter-Hefen							
Egal, ob Irish Stout à la Guinness oder ein typisch englisches Porter: Bei Dunkelbieren mit einem starken Malzcharakter sind diese Hefen die richtige Wahl	Irish Stout, Porter	Wyeast	1084 Irish Ale	Flüssig	71–75 %	mittel	17–22 °C
		White Labs	WLP004 Irish Ale Yeast	Flüssig	69–74 %	mittel bis hoch	18–20 °C
		Gozdawa	Porter & Kvass	Trocken	68–73 %	hoch	18–28 °C
Saison-Hefen							
Die besonders hoch vergärenden Saison-Hefen produzieren knackig-trockene Biere mit fruchtigen und pfeffrigen Aromen	Saison	Wyeast	3711 French Saison	Flüssig	77–83 %	gering	18–26 °C
		Mangrove Jack`s	M29 French Saison	Trocken	85–90 %	hoch	18–23 °C
Lambic- & Sauerbier-Hefen							
Nicht jedermanns Sache, aber schwer im Trend: Sauerbiere. Entsprechende Hefen produzieren erfrischend saure, trockene und teils herbe Biere	Lambic, Gueuze, Flanders Ale	Wyeast	Belgian Lambic Blend 3278	Flüssig	70–80 %	variiert	18–23 °C
		Wyeast	3191-Pc Berliner Weisse Blend	Flüssig	73–77 %	niedrig	20–22 °C
		White Labs	WLP655 Belgian Sour Mix	Flüssig	70–80 %	niedrig bis mittel	27–29 °C

Hefesorten	Beliebt in	Hersteller	Hefename	Trocken- oder Flüssighefe	Endvergärungsgrad	Sedimentation	Gärtemperatur

Kölsch- & Altbier-Hefen

Hefesorten	Beliebt in	Hersteller	Hefename	Trocken- oder Flüssighefe	Endvergärungsgrad	Sedimentation	Gärtemperatur
Kölsch-Hefen sind recht hoch vergärend und runden das Bier mit einem trockenen Finish ab. Altbier-Hefen sind weniger hoch vergärend und unterstreichen den dunklen Malzcharakter	Alt, Kölsch	Wyeast	2565 Kölsch	Flüssig	73–77 %	niedrig	14–21 °C
		White Labs	WLP029 German Ale/Kölsch	Flüssig	72–78 %	mittel	18–20 °C
		White Labs	WLP036 Dusseldorf Alt Ale	Flüssig	65–72 %	mittel	18–21 °C
		Fermentis	Safale K-97	Trocken	72–76 %	hoch	12–25 °C

Hefesorten	Beliebt in	Hersteller	Hefename	Trocken- oder Flüssighefe	Endvergärungsgrad	Sedimentation	Gärtemperatur
Lager-Hefen							
Die am meisten verwendete Hefe weltweit: Unterstreicht den Malzcharakter, produziert feine Ester-Aromen und ein knackig-trockenes Mundgefühl	Lager	Wyeast	2124 Bohemian Lager	Flüssig	73–77 %	niedrig bis mittel	8–20 °C
Produziert vollmundige, malzbetonte Biere	helle und dunkle Bockbiere, Doppelböcke	Wyeast	2206 Bavarian Lager	Flüssig	73–77 %	mittel bis hoch	8–14 °C
Sehr malzbetont und sauber vergärend	Ideal für deutsches Pils, Festbiere, Märzen	White Labs	WLP830 German Lager	Flüssig	74–79 %	mittel	10–12 °C
Stamm, der in vielen westeuropäischen Brauereien eingesetzt wird. Produziert milde, vollmundige und leicht fruchtige Lagerbiere	Gute Wahl für das erste eigene Pils	Fermentis	Saflager S-23	Trocken	82 %	hoch	9–22 °C

Das Wasser

—

Wehe dem, der dem Brauwasser kaum oder keine Beachtung schenkt! Als Hauptbestandteil eines Bieres hat das Wasser nicht nur in der Historie ganze Bierstile kreiert, es kann auch heute noch dem Geschmack eines Selbstgebrauten das Krönchen aufsetzen.

Es war das Brauwasser, das die Geschichte verschiedener beliebter Bierstile in aller Deutlichkeit geschrieben hat. Ohne das in der jeweiligen Region vorhandene Quellwasser wäre kaum ein Bierstil so entstanden, wie wir ihn noch heute kennen.

Dahinter steckt die Bodenbeschaffenheit der Region. Gesteinsschichten sind immer einzigartig und prägen das Quellwasser, das durch das Gestein sickert. Kalkstein, Dolomit, Gips – je nach Gestein variiert die Zusammensetzung und Konzentration gelöster Salze und anderer Stoffe im Wasser durch Härtebildner wie Calcium, Kalium, Magnesium und Karbonate. Und je nach chemischer Zusammensetzung gestaltet sich die Eigenschaft des Wassers. Beim Brauen selbst gibt es eigentlich keinen Brauprozess, bei dem die Inhaltsstoffe des Wassers keine Rolle spielen. Sie können die Aktivität wichtiger Enzyme fördern oder bremsen. Sie unterstützen beim Maischen, beflügeln die Hefe, können aber auch die Bittere des Hopfens kratzig gestalten.

Ein wichtiger Faktor zum Beispiel neben dem Salzgehalt ist die Restalkalität. Sie beschreibt das Brauwasser und seinen Einfluss auf den pH-Wert der Maische. Bestimmt wird sie vor allen Dingen von der Karbonathärte und deren Verhältnis zur Nichtkarbonathärte. Und

das ist nicht ganz unwichtig. Je nach Zusammensetzung und Konzentration der verschiedenen Mineralien verringert oder verstärkt das Wasser die saure Reaktion des Malzes beim Maischen. Angegeben wird die Restalkalität übrigens in Grad deutscher Härte, abgekürzt °dH, und sie ist in Deutschland meist ein positiver Wert. Das bedeutet, dass sie eine säurevernichtende Wirkung hat.

Übrigens: Tatsächlich besteht ein Bier zu 80 bis 95 Prozent aus Wasser. Kein Wunder also, dass das (oft gelobte) Brauwasser den Geschmack eines Bieres maßgeblich mitgestaltet.

FAUSTREGEL

Helle, hopfenaromatische Biere wie Pale Ales, IPAs & Weizenbiere mögen eine niedrige Restalkalität. Dunkle Biere wiederum wie Stout oder Schwarzbier vertragen eine höhere Restalkalität, da sich dunkle Malze saurer verhalten.

Wie das Wasser so das Bier

Wir stellen vor: historisch wichtige Brauwasser und den daraus entstandenen Bierstil.

Das berühmteste Beispiel eines Bierstils, dessen Entstehung durch das vorhandene Brauwasser der Region maßgeblich beeinflusst wurde, ist das Pils: Es war das besonders weiche, mineralstoffarme Quellwasser der Stadt **Pilsen**, das den Bierstil Pils entscheidend mitgeprägt beziehungsweise mitentwickelt hat.

Ganz anders im britischen **Burton-upon-Trent** – hier wurde das Quellwasser durch Sandstein mit hohem Gipsgehalt natürlich gefiltert. Als Brauwasser ist dieses entsprechend hart, das Calciumsulfat betont insbesondere die Bittere des Hopfens. Entstanden sind besonders hopfenbetonte, helle Biere wie das berühmte Burton Pale Ale.

Ausschlaggebend für einen Bierstil war auch das Wasser in **Dortmund**, das sich durch einen hohen Gehalt an Sulfaten auszeichnet. Es formte den historischen Stil Dortmund Export, seine typische Vollmundigkeit und deutliche Hopfennote.

In **München** wiederum war es das sehr harte Quellwasser, das das Münchner Dunkle formte. Die Karbonate erzeugen dunklere Biere und sorgen für eine ausgeprägte Bittere. Außerdem bremst dieses Brauwasser die Enzyme beim Maischen aus, das Bier ist weniger hoch vergoren und körperreich.

London wiederum gilt als Wiege des Bierstils Porter. Und das nicht ohne Grund, denn hier war es die geologische Beschaffenheit mit viel Kalkstein, die dem Quellwasser und somit auch Brauwasser ordentlich Calciumkarbonat mit auf den Weg gab. Und das trägt zur Karbonathärte bei, was den höheren Säuregehalt dunkel gerösteter Malze neutralisiert. Genau die richtige Grundlage für Porter und auch andere dunkle Biere.

Wasseraufbereitung

Für Brauanfänger gilt: Das heimische Leitungswasser eignet sich höchstwahrscheinlich zum Brauen, und bei den ersten Bieren kann man ein Auge zudrücken. Aber spätestens wenn man tiefer in die Heimbrau-Materie einsteigen möchte, empfehlen wir einen genauen Blick auf das Leitungswasser. Denn je nach Bierstil formt ein härteres oder weicheres Wasser den typischen Geschmack.

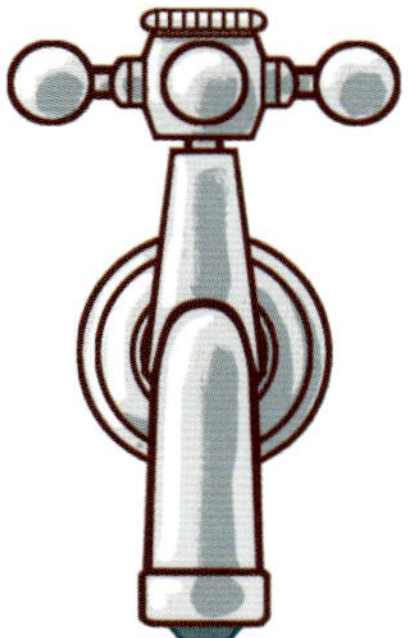

So ermittelt man die Restalkalität

Das ist einfacher als gedacht, denn hier steht der regionale Wasserversorger Rede und Antwort. In der Regel kann man die Wasseranalyse im Internet einsehen. Bietet der Wasserversorger diesen Service nicht an, kann man die Werte kostenfrei telefonisch oder per Mail erfragen. Wichtig sind sowohl Calciumgehalt, Magnesiumgehalt als auch Säurekapazität beziehungsweise Karbonathärte. Um anhand dieser Werte die Restalkalität zu ermitteln, findet man im Internet praktische Tools wie bei www.maischemalzundmehr.de. Wer selbst rechnen möchte, nutzt diese Formel:

$$\textbf{Restalkalität}\ [°dH] = \text{Karbonathärte}\ [°dH] - \left(\frac{\text{Calciumhärte}\ [°dH]}{3{,}5} + \frac{\text{Magnesiumhärte}\ [°dH]}{7} \right)$$

Sind Calcium- und Magnesiumgehalt in Milligramm je Liter angegeben, greift die folgende Formel:

$$\textbf{Restalkalität}\ [°dH] = \text{Karbonathärte}\ [°dH] - \left(\frac{\text{Calciumkonz.}\ [mg/l]}{25{,}025} + \frac{\text{Magnesiumkonz.}\ [mg/l]}{30{,}38} \right)$$

So kann man die Restalkalität absenken

Eine gängige Praxis zur Absenkung der Restalkalität im Brauwasser ist der Einsatz von Milchsäure. Sie kann entweder in reiner Form oder als Sauermalz dazugegeben werden. Bereits zwei Prozent Sauermalz zugegeben zur Maische reichen aus, um die Restalkalität um etwa 5°dH abzusenken. In reiner Form hinzugefügt dosiert man Milchsäure folgendermaßen: 3,32 ml 80-prozentiger Milchsäure reduzieren die Restalkalität von 100 Liter Wasser um 1°dH. Einen praktischen Rechner findet man zum Beispiel unter www.fabier.de

Die Braurezepte

Ohne Rezepte kein Bier. Und damit für jeden etwas dabei ist, liefern wir nicht nur ein Schritt-für-Schritt-Rezept, sondern auch eine Auswahl an 15 Rezepten – vom belgischen Witbier bis hin zum Scotch Ale, gebraut mit Eichenchips. Plus: Fünf Brauer verraten Rezepte im Küchenbrau-Format!

Schritt-für-Schritt-Braurezept

—

Das Equipment steht parat? Hopfen, Malz und Hefe ebenso? Dann nur noch das Rezept hervorkramen: Es darf gebraut werden – und zwar Schritt für Schritt.

Schritt 1: Das Maischen

Ziel ist es, den Zucker aus dem Malz zu lösen, damit dieser später von der Hefe zu Alkohol und Kohlensäure umgewandelt wird. Und das gelingt, indem Malz und Wasser im ersten Brauschritt zusammen erhitzt werden.

Im Braurezept sind im Abschnitt **Malzschüttung** verschiedene Malze (und gegebenenfalls Getreideflocken oder Rohgetreide) aufgelistet. Im ersten Schritt gilt es, diese Malze abzuwiegen und zu vermischen.

Alles gut vermischt? Dann geht es weiter zum Abschnitt **Hauptguss**. Die dort angegebene Menge Leitungswasser muss nun im großen Kochtopf auf die im Braurezept angegebene Temperatur erhitzt werden.

Sobald die Zieltemperatur erreicht ist, wird die Malzmischung möglichst klumpenfrei mit dem Kochlöffel ins Wasser eingerührt beziehungsweise eingemaischt.

Durch die Malzzugabe ist die Temperatur im Topf um einige Grad abgesunken und sollte sich im Bereich der ersten Temperaturspanne befinden.

Nun geht es weiter mit dem Abschnitt **Temperaturführung**. Dort sind verschiedene Temperaturspannen, die sogenannten Rasten, angegeben. Diese Temperaturen müssen nacheinander für eine bestimmte Zeit gehalten werden, damit die Enzyme im Malz ihre wichtige Arbeit verrichten können. Dabei die Maische immer wieder ordentlich

Jetzt benötigt:

Malz,
Leitungswasser,
großer Kochtopf,
Thermometer,
Kochlöffel,
Messbecher

Dauer: 60 Minuten

umrühren, damit sich die Hitze gut verteilt und nichts am Topfboden anbrennt.

Ist die Temperatur im Topf kurzzeitig zu niedrig oder zu hoch: keine Panik! Einfach möglichst zügig korrigieren und die Rast um einige Minuten verlängern. Wer nicht über ein praktisches Induktionskochfeld verfügt, kann etwas tricksen, um die Temperaturspanne einzuhalten: Maische auf exakt die höchste Temperatur erhitzen, Topf vom Herd ziehen und warten, bis die Temperatur auf die niedrigste gefallen ist. Nun den Topf wieder auf die Kochplatte ziehen, Maische erneut auf höchste Temperatur erhitzen, wieder runternehmen und so weiter und so fort.

Sobald die angegebene Zeit rum ist, die Maische ein letztes Mal auf 78 °C hochheizen und den Topf vom Herd ziehen. Dies ist die letzte Raststufe in den Rezepten. Sie ist mit 0 Minuten angegeben. Dieser Vorgang, das Abmaischen, bereitet auf den nächsten Brauschritt vor. Beim Läutern muss die Flüssigkeit möglichst heiß sein, da so am meisten Malzzucker ausgewaschen werden kann. Die Temperatur sollte aber nicht über 78 °C steigen, da ab 80 °C wichtige Enzyme zerstört werden.

WICHTIG

In den meisten Rezepten wird mit geschroteten Malzen gebraut, damit der Malzzucker während des Maischens aus dem sonst undurchdringbaren Korn gelöst werden kann. Die meisten Hobbybrauer-Shops bieten Malze sowohl ungeschrotet als auch geschrotet an. Wer neu im Brau-Business ist und noch keine eigene Malzmühle besitzt, greift hier zu der bereits geschroteten Variante.

Jetzt benötigt:

Thermometer, Messbecher, großer Kochtopf mit der Maische, grobmaschiges Küchensieb, Kochlöffel, hitzebeständiger Eimer

Dauer: 30 Minuten

Schritt 2: Das Läutern

Die nächste Aufgabe ist es, Malz und Flüssigkeit zu trennen. Und zwar so, dass möglichst viel Zucker aus dem Malz herausgewaschen wird.

PROTOKOLL

Um alles, was gut läuft, aber auch Fehler beim Brauen nachvollziehen zu können, führt man ein Brau-Protokoll. Beispiel: brau-guide.de/protokoll

Hierfür das grobmaschige Küchensieb in den Eimer hängen und mit dem Kochlöffel möglichst viel vom Malz aus der Maische in das Sieb schöpfen. Das Malz bildet im Sieb einen natürlichen Filter, den sogenannten Treber.

Anschließend mit dem Messbecher die Flüssigkeit aus dem Kochtopf langsam und gleichmäßig über den Treber geben. Ist der Topf geleert: ausspülen und die im Abschnitt **Nachguss** genannte Menge Leitungswasser ebenfalls auf 78 °C erhitzen. Sobald keine Flüssigkeit mehr durch den Treber läuft, wird dieser Nachguss in gleicher Art und Weise über den Malzfilter gegeben.

Ist der Nachguss durch den Treber gelaufen, geht es weiter mit der zweiten Läuterrunde, schließlich ist immer noch Restzucker im Malz vorhanden. Daher nun das mit Treber gefüllte Sieb über den großen Topf hängen und die Flüssigkeit aus dem Eimer ein weiteres Mal langsam und portionsweise über den Treber schöpfen.

Die nun im Topf aufgefangene Flüssigkeit nennt sich Würze, aus ihr wird später Bier. Der Treber wiederum ist ausgelaugt. Er kann entsorgt werden oder als gesunde Zutat zum Beispiel zu Treber-Brot verarbeitet werden.

Schritt 3:
Das Hopfenkochen

Nun kommt der Hopfen ins Spiel und bringt zunächst die Bittere, aber auch Aromen ins spätere Bier. Und nicht nur das: Beim Hopfenkochen wird die Würze sterilisiert.

Für diesen Brauschritt zunächst die Mengen der verschiedenen **Hopfengaben** vorbereiten, abwiegen und bereitstellen. Wir verwenden in unseren Braurezepten ausschließlich Hopfen in Pelletform, also getrocknete, gemahlene und zu Pellets gepresste Hopfendolden. Diese sind besser zu dosieren und zu lagern als Dolden, siehe Kapitel „Rohstoffe".

Im Braurezept sind im Abschnitt „Hopfengaben" die benötigten Hopfensorten aufgelistet, die nun abgewogen und bereitgestellt werden müssen. Ein Beispiel:

3 g Mosaic (13.2 % α-Säure) für 50 Minuten
3 g Cascade (5.5 % α-Säure) für 10 Minuten
6 g Cascade (5.5 % α-Säure) < 80 °C

Jetzt benötigt:

Hopfen, Thermometer
Leitungswasser,
Küchenwaage, Eiswürfel
oder Kühlelemente
(falls vorhanden)

Dauer: ca. 60 Minuten

Bedeutet: Für den Kochvorgang werden 3 g Pellets der Hopfensorte Mosaic und 9 g (6+3) Pellets der Sorte Cascade benötigt. Hat der Hopfen einen abweichenden Alphasäuregehalt (hier in % α-Säure angegeben), muss die Hopfenmenge neu berechnet werden. Hierzu findet man Tools online, um den alternativen Hopfen zu berechnen. Wir empfehlen zum Beispiel fabier.de.

Sind die einzelnen Hopfenportionen (im Fachjargon: Hopfengaben) abgewogen und bereitgestellt, wird die Würze im Topf ohne Deckel erhitzt. Sie muss nun kochen – **in der Regel 60 Minuten lang** – möglichst nur leicht wallend knapp über dem Siedepunkt und nicht auf höchster Stufe, damit nicht zu viel Wasser verdampft.

Nun je nach Braurezept die bereitgestellten Hopfengaben in die vor sich hin brodelnde Würze geben. In dem oben genannten Beispiel wären das 3 g Mosaic 10 Minuten nach Kochbeginn (also für 50 Minuten) und 3 g Cascade 50 Minuten nach Kochbeginn (also für 10 Minuten). Weitere 6 g Cascade werden erst hinzugegeben, wenn die Würze auf unter 80 °C heruntergekühlt wurde.

Nach Ende der Kochzeit muss die Würze schnell runtergekühlt werden. Das gelingt durch ein Topfbad in kaltem Wasser in der Spüle. Hilfreich sind Eiswürfel oder Kühlelemente, die von außen um den Topf drapiert werden. Das Thermometer gut säubern und die Temperatur der Würze beobachten. Enthält das Rezept eine Hopfengabe unter 80 °C, diese nun hinzugeben. Ab dieser Temperatur gibt Hopfen kaum Bitterstoffe mehr ab, stattdessen Aroma. Um das Abkühlen zu beschleunigen, hilft Umrühren und der gelegentliche Austausch des Wassers in der Spüle. Ist eine Temperatur unter 25 °C erreicht, kommt der nächste Schritt.

Schritt 4:
Die Hefegabe

Nun kommt die fleißige Hefe zum Einsatz. Ihre Aufgabe ist es, den vorhandenen Zucker in Alkohol und Kohlensäure zu verwandeln. Achtung: Ab sofort ist die Würze hochgradig empfindlich – es gilt die höchste, penibelste Reinlichkeitsstufe.

Voraussetzung für diesen Arbeitsschritt ist nicht nur eine Würze-Temperatur unter 25 °C, sondern auch absolute Sauberkeit. Alles, was nun mit der Würze in Berührung kommt, muss desinfiziert sein, da sie nicht mehr abgekocht wird. Lässt man das sein, kann sich die Würze, also das Bier, eine Infektion etwa mit Milchsäurebakterien oder unerwünschten Hefesporen aus der Luft einfangen. Dann wird´s mitunter eine saure Angelegenheit.

Zuallererst Trichter, Teesieb, Gummistopfen und Gärspund desinfizieren. Verwendet man ein Reinigungsmittel, wird dieses oft mit Wasser verdünnt und als Tauchbad angesetzt. Darin die Utensilien kurz baden. Anschließend mit klarem Wasser abspülen und zum Abtropfen auf ein sauberes Küchentuch legen. Die Gärflasche desinfiziert man, indem man Reinigungsflüssigkeit hineingibt und kräftig schwenkt, sodass sich diese gleichmäßig verteilt. Anschließend mit klarem Wasser ausspülen.

Um die Würze in die Gärflasche zu füllen, den Trichter in die Flaschenöffnung setzen und (bei Rezepten mit viel Hopfen) ein feinmaschiges Teesieb darüberlegen, um Hopfenpartikel herauszufiltern. Nun die Gärflasche langsam füllen, dabei sollte noch eine Handbreit Platz sein unterhalb der Öffnung. Ist zu wenig Würze vorhanden, ist beim Hopfenkochen vermutlich zu viel Wasser verdampft. Dann mit Leitungswasser auffüllen.

Jetzt die Hefemenge aus dem Abschnitt **Hefe** im Rezept dazugeben. Dieser Schritt heißt Anstellen. Um Hefe und Würze gut zu vermengen, die Flasche einige Sekunden kräftig schwenken, so kommt auch etwas Sauerstoff in das Gemisch.

WICHTIG:

Informationen rund um die Reinigungsflüssigkeit & das Desinfizieren der Brau-Ausrüstung gibt es im Kapitel „Das Reinigen"

Jetzt benötigt:

Hefe, Gärflasche, Trichter, Teesieb (optional)

Außerdem: zur Sicherheit ein spezielles Reinigungsmittel

Dauer: 30 Minuten

Schritt 5:
Die Gärung

Nun ist Geduld gefragt, denn in den nächsten Tagen übernimmt Kollegin Hefe die Arbeit. Und dabei lässt man sie am besten in Ruhe...

Jetzt benötigt: Gärstopfen, Gärspund, Leitungswasser, Geduld
Dauer: etwa 10 Tage

Bei diesem vorerst letzten Arbeitsschritt kommt der (gut desinfizierte) Gärspund zum Einsatz. Diesen am besten mit Leitungswasser füllen und dann samt Gummistopfen auf die Flaschenöffnung setzen. Falls es sich um einen zweiteiligen Gärspund mit Deckel handelt, diesen natürlich auf dem Spund befestigen. Der Deckel schützt vor Staub und Insekten, das während der Gärung austretende CO_2 kann aber trotzdem entweichen.

Die Gärflasche bei Temperaturen je nach Rezeptangabe im Abschnitt **Gärung** an einem dunklen Ort abstellen und mindestens zehn Tage gären lassen. In dieser Zeit die Gärflasche möglichst nicht mehr bewegen. Nun ist der Brautag geschafft!

In den nächsten 12 bis 36 Stunden beginnt die Gärung. Die Hefe vermehrt sich und startet mit ihrem Projekt, den Zucker in Alkohol umzuwandeln. Es blubbert im Gärspund, zugleich entsteht auch Schaum, übrigens Kräusen genannt, auf der Würze. Wunderbar! Wenn das der Fall ist, ist die Hefe angekommen. Der Schaum bedeckt irgendwann das Jungbier und sieht vielleicht auch nicht immer ganz ansehnlich aus. Aber er ist ein Zeichen dafür, dass die Hefe fleißig am Werkeln ist. Auf jeden Fall das Jungbier weiterhin in Ruhe lassen, auch wenn es nicht mehr blubbert.

Damit während der Gärzeit keine Langeweile aufkommt, kann man sich mit der Beschaffung von geeigneten Flaschen und deren Reinigung beschäftigen. Am besten eignen sich 0,33-l-Flaschen oder Halbliterflaschen jeweils mit Bügelverschluss. Diese sind wichtig für den nächsten Schritt: das Abfüllen des Bieres.

Schritt 6:
Das Abfüllen

Jetzt benötigt:

12 leere 0,33-l-Bügelflaschen oder acht 0,5-l-Bügelflaschen, Abfüllpumpe mit Schlauch, Schlauchklemme, Haushaltszucker, Teelöffel oder Dosierhilfe für Zucker

Dauer: etwa 60 Minuten

TIPP

Je nach Flaschengröße benötigt man grammgenau Zucker. Wer keine Feinwaage zur Hand hat, findet in Hobbybrauer-Shops Dosierhilfen.

Das Ziel rückt immer näher, denn nun wird das sogenannte Jungbier in die gesammelten und gereinigten Flaschen abgefüllt. Aus eigener Erfahrung ein Tipp: zwei weitere helfende Hände können hier nicht schaden.

Die wie im Kapitel „Das Reinigen" beschriebenen, desinfizierten 0,33-Liter-Flaschen aufstellen und jeweils mit 2,5 Gramm Zucker befüllen. Das entspricht einem gestrichenen Teelöffel. Bei 0,5-Liter-Flaschen sind es vier Gramm pro Flasche. Der Zucker hilft bei der „Aufkarbonisierung" des Bieres. Das heißt, er wird von den im Jungbier enthaltenen Rest-Hefepartikeln verstoffwechselt und in Alkohol sowie Kohlensäure umgewandelt. Letzteres ist gewünscht, damit das Bier später schön perlt.

Die Gärflasche nun vorsichtig auf einen Tisch oder die Arbeitsplatte stellen, und zwar so vorsichtig, dass keine Hefe vom Flaschenboden aufgewirbelt wird. Am besten ein feuchtes Küchenhandtuch unter die Gärflasche legen, so steht sie stabiler. Die zu befüllenden Flaschen auf den Boden davorstellen. Nun die Abfüllpumpe nehmen und den Schlauch an das obere Ende stecken. Die Schlauchklemme am unteren Schlauchende befestigen.

Um die Abfüllpumpe zu desinfizieren, am besten Reinigungsflüssigkeit durch Pumpe und Schlauch spülen und klares Leitungswasser nachpumpen. Den Gummistopfen samt Gärspund von der Gärflasche entfernen. Anschließend die gut gesäuberte Pumpe in die Gärflasche stecken und das Schlauchende in Flasche Nummer 1 halten. Oder halten lassen, siehe Tipp oben. Die Schlauchklemme öffnen, den oberen Teil der Pumpe kräftig auf und ab bewegen, sodass das Bier durch den Schlauch gepumpt wird. Dabei unbedingt beachten, dass kein Hefesatz vom Boden der Gärflasche mitgezogen wird.

Ist die Bierflasche zu etwa 90 % gefüllt, die Schlauchklemme schließen. Weiter geht es mit den nächsten Flaschen, und zwar bis kurz vor dem Hefesatz am Boden der Gärflasche. Sobald das Bier auf alle Flaschen verteilt ist, Bügelverschlüsse drauf, fertig!

Jetzt benötigt:

Geduld, Platzschaffen im Kühlschrank

Schritt 7:
Die Flaschenreifung

Zielgerade erreicht und letzte Geduldsprobe: Ehe das Bier getrunken werden kann, muss es noch einmal ein paar Wochen reifen.

Nun die Flaschen stehend bei der gleichen Temperatur wie bei der Gärung lagern, das Bier muss je nach Angabe **Reifung** im Braurezept zwei bis vier Wochen reifen. Und das lohnt sich: Die restlichen Hefepartikel verwandeln den Zucker in Kohlensäure, auch der ausgewogene Geschmack entwickelt sich in dieser Zeit. Anschließend das Bier vor dem Trinken mindestens zwei Tage in den Kühlschrank stellen (nicht legen), damit die Nachgärung gestoppt wird und sich der Druck in den Flaschen verringert. Außerdem schmeckt gekühltes Bier ja nun mal am besten… Fertig ist das Bier!

NACH DEM BIER …

… ist vor dem Bier. Während der Wartezeit kann man sich schon mal das nächste Bierrezept raussuchen, das man gern brauen (und trinken) möchte. Schließlich ist man gerade so richtig gut in Übung!

Kölsch

—

ca. 4,8 % · 32 IBU · obergärig

Viva Colonia! Die Kölner lieben ihr Kölsch. Es ist süffig, moderat hopfenbetont und leicht fruchtig bis grasig in der Aromatik. Ein ehrliches Bier ohne viel Chichi. Kölsch eignet sich übrigens gut für Brau-Einsteiger, denn es enthält wenige Zutaten und ist verhältnismäßig einfach zu brauen.

TIPP

Ein Kölsch ist normalerweise blank filtriert. Wer die Trübung im Bier verringern will, der lässt seine Flaschen nach der Reifung noch 1–2 Wochen aufrecht im Kühlschrank stehen.

Kategorie	Deutsches Ale
Farbe	3–8 EBC
Aromen	 Apfel  Birne  Gras
Trinktemperatur	6–8 °C
Glasempfehlung	 Kölschstange
Food Pairing	 Gouda  Fisch  Sushi

REZEPT:

Maischen
→ Malzschüttung:
720 g Pilsner Malz – *geschrotet*
160 g Extra helles Karamellmalz – *geschrotet*
70 g Helles Karamellmalz – *geschrotet*

→ Hauptguss:
4 Liter bei 71 °C

→ Temperaturführung:
60 Minuten bei 65–69 °C
0 Minuten bei 78 °C

Läutern
→ Nachguss:
4 Liter bei 78 °C

Hopfenkochen
→ Hopfengaben:
5 g Perle (8,9 % α-Säure) für 50 min.
3 g Hallertau Cascade (5,8 % α-Säure) für 10 min.

Gärung
→ Hefe:
Deutsche Ale-Hefe, z. B.
3 g Fermentis Safale K-97,
15 ml Wyeast 2565 Kölsch oder
15 ml White Labs WLP029 German Ale/Kölsch

→ Gärdauer und -temperatur:
mind. 10 Tage bei 18–20 °C

Flaschenreifung
Reifedauer und -temperatur:
mind. 3 Wochen bei 18–20 °C

Simcoe IPA

—

ca. 5,7 % · 50 IBU · obergärig

Das India Pale Ale – kurz IPA – ist so etwas wie das Aushängeschild der Craft-Beer-Bewegung: Es ist malzig, herb, hopfenaromatisch und typischerweise recht stark. Dieses IPA-Rezept kommt mit nur einer Hopfensorte aus: Simcoe. Sie ist ein echter Klassiker für diesen Bierstil und bringt einzigartige harzige und tropische Aromen ins Bier!

TIPP

Wer nicht genug vom fruchtigen Aroma des Simcoe-Hopfens bekommen kann, der stopft das Bier nach der Gärung mit weiteren 3–10 g (Anleitung siehe Kapitel „Hopfenstopfen")!

Kategorie	Amerikanisches Ale
Farbe	 12–20 EBC
Aromen	 Grapefruit  Maracuja  Pinie
Trinktemperatur	8–12 °C
Glasempfehlung	 Pintglas  Teku
Food Pairing	 Ziegenfrischkäse  süße Desserts  Curry  Blauschimmelkäse

REZEPT:

Maischen

→ Malzschüttung:
750 g Pilsner Malz – *geschrotet*
350 g Münchner Malz – *geschrotet*
50 g Helles Karamellmalz – *geschrotet*
50 g Rotes Karamellmalz – *geschrotet*

→ Hauptguss:
4 Liter bei 71 °C

→ Temperaturführung:
60 Minuten bei 65–69 °C
0 Minuten bei 78 °C

Läutern

→ Nachguss:
3 Liter bei 78 °C

Hopfenkochen

→ Hopfengaben:
3 g Simcoe (11,7 % α-Säure) für 50 min.
3 g Simcoe (11,7 % α-Säure) für 30 min.
3 g Simcoe (11,7 % α-Säure) für 10 min.
6 g Simcoe (11,7 % α-Säure) < 80 °C

Gärung

→ Hefe:
Amerikanische Ale-Hefe, z. B.
15 ml Wyeast #1056 American Ale,
3 g Fermentis Safale US-05 oder
3 g Mangrove Jack US West Coast Yeast M44

→ Gärdauer und -temperatur:
mind. 10 Tage bei 17–20 °C

Flaschenreifung

→ Reifedauer und -temperatur:
mind. 3 Wochen bei 17–20 °C

Coffee & Cream Stout

—

ca. 4,8 % · 32 IBU · obergärig

Achtung, jetzt wird es zappenduster! Das nachtschwarze Irish Stout steckt voller herrlicher Aromen von Schokolade, getrockneten Pflaumen und Espresso. Diese Variante kann es sogar mit der morgendlichen Tasse Kaffee aufnehmen: Es wird mit frisch gemahlenen Kaffeebohnen und Milchzucker eingebraut, was dem Bier eine sahnige Textur verleiht.

TIPP

Lässt man bei diesem Rezept Milchzucker und Kaffee weg, wird es ein klassisches Irish Stout à la Guinness.

Checkliste für die Küchenbrauerei

- [ ] Topf & Kochlöffel
- [ ] Küchensieb
- [ ] Messbecher
- [ ] Gärflasche & Gäraufsatz
- [ ] Thermometer
- [ ] Eimer
- [ ] Pumpe & Schlauch
- [ ] Trichter
- [ ] Küchenwaage
- [ ] Teelöffel
- [ ] Leere Bügelflaschen
- [ ] Reinigungsmittel

Fehlen noch Brau-Utensilien, die in diesem Buch erwähnt werden? Dann einfach in unserem Buch-Shop vorbeischauen:

www.brau-guide.de/shop

Kategorie	Englisches Ale
Farbe	> 80 EBC
Aromen	 Kaffee  Schokolade  Malz
Trinktemperatur	10–12 °C
Glasempfehlung	 Pintglas  Stoutglas
Food Pairing	 alter Gouda  Schokoladenmousse  Rindfleisch  Blauschimmelkäse

REZEPT:

Maischen
→ Malzschüttung:
680 g Pilsener Malz – *geschrotet*
230 g Münchner Malz – *geschrotet*
120 g Gerstenflocken – *geschrotet*
70 g Rotes Karamellmalz – *geschrotet*
60 g unvermälzte Röstgerste – *geschrotet*
40 g Röstmalz Spezial Typ II – *geschrotet*

→ Hauptguss:
4 Liter bei 71 °C

→ Temperaturführung:
60 Minuten bei 65–69 °C
0 Minuten bei 78 °C

Läutern
→ Nachguss:
3 Liter bei 78 °C

Hopfenkochen
→ Hopfengaben
9 g Fuggles (4,3 % α-Säure) für 50 min.
9 g Fuggles (4,3 % α-Säure) für 5 min.
60 g Lactosepulver für 5 min.

Gärung
→ Hefe:
Irische Ale-Hefe, z.B.
15 ml Wyeast #1084 IRISH ALE

→ Gärdauer und -temperatur:
mind. 10 Tage bei 18–20 °C

Stopfen
→ Zutat und Dauer:
1 gehäufter EL frisch gemahlener Kaffee für 3 Tage

Flaschenreifung
→ Reifedauer und -temperatur:
mind. 4 Wochen bei 18–20 °C

Belgisches Witbier

—

ca. 4,8 % · 23 IBU · obergärig

Dieser alte Bierstil ist ein sommerlicher Gruß aus Belgien an das deutsche Reinheitsgebot, denn das erfrischende Weizenbier wird traditionell mit Koriandersaat und Orangenschalen als Extra-Zutaten gebraut. Sie verleihen dem milchig-trüben Bier die besonderen Frucht- und Gewürznoten. Witbier-Hefen gären gern bei warmen Zimmertemperaturen auch über 20 °C, weshalb man das Bier wunderbar im Sommer brauen kann.

TIPP

Am besten nur die Zeste der Orange ohne das bittere Weiße in der Schale abtrennen. Wenn es schnell gehen soll: Statt Koriandersaat und Orangenschale zu stopfen, einfach beides die letzten 5–10 Minuten beim Hopfenkochen dazugeben.

Kategorie	Belgisches Ale
Farbe	3–8 EBC
Aromen	 Orange  Weizen  Honig  Koriander
Trinktemperatur	6–8 °C
Glasempfehlung	 Tulpe  Teku
Food Pairing	 Schalentiere  Obstsalat  cremiger Ziegenkäse

REZEPT:

Maischen

→ Malzschüttung:
600 g Weizenmalz hell – *geschrotet*
400 g Pilsner Malz – *geschrotet*
100 g Haferflocken *(blütenzart)*
50 g Gerstenflocken

→ Hauptguss:
4 Liter Hauptguss bei 56 °C

→ Temperaturführung:
10 Minuten bei 53 °C
45 Minuten bei 62 °C
15 Minuten bei 72 °C
0 Minuten bei 78 °C

Läutern

→ Nachguss:
3 Liter bei 78 °C

Hopfenkochen

→ Hopfengaben:
7 g Perle (5,4 % α-Säure) für 50 min.

Gärung

→ Hefe:
Belgische Witbier-Hefe, z. B.
15 ml Wyeast #3944 Belgian Witbier oder
3 g Gozdawa Classic Belgian Witbier

→ Gärdauer und -temperatur:
mind. 10 Tage bei 19–22 °C

Stopfen

→ Zutaten und Dauer:
Die Schale einer Bio-Saftorange
4 g Koriandersamen – *grob zerstoßen*
für 3–5 Tage

Flaschenreifung

→ Reifedauer und -temperatur:
mind. 2 Wochen bei 19–22 °C

Roggen Pale Ale

—

ca. 5,5 % · 30 IBU · obergärig

Das Läutern mit Roggenmalz ist durch die enthaltenen Schleimstoffe eine kleine Herausforderung. Wer sich dieser aber stellt, wird mit einem herrlich-fruchtigen Pale Ale belohnt, dem das Roggenmalz eine kernige, brotige Note und eine spannende Würzigkeit verleiht.

TIPP

Stockt es beim Läutern, hilft es, den Treber mit dem Thermometer vorsichtig etwas „einzuritzen" und dadurch aufzulockern.

Kategorie	Amerikanisches Ale
Farbe	15–22 EBC
Aromen	 Grapefruit  Zitrone  Brot
Trinktemperatur	8–12 °C
Glasempfehlung	 Teku  Pintglas
Food Pairing	 Burger  Camembert  Geflügel

REZEPT:

Maischen
→ Malzschüttung:
790 g Wiener Malz – *geschrotet*
280 g Roggenmalz – *geschrotet*
130 g Weizenmalz hell – *geschrotet*
100 g Rotes Karamellmalz – *geschrotet*
60 g Dunkles Karamellmalz – *geschrotet*

→ Hauptguss:
4 Liter bei 71 °C

→ Temperaturführung:
60 Minuten bei 65–69 °C
0 Minuten bei 78 °C

Läutern
→ Nachguss:
3 Liter bei 78 °C

Hopfenkochen
→ Hopfengaben:
3 g Mosaic (13.2 % α-Säure) für 50 min.
3 g Cascade (5.5 % α-Säure) für 10 min.
3 g Mosaic (13.2 % α-Säure) für 0 min.
3 g Cascade (5.5 % α-Säure) für 0 min.

Gärung
→ Hefe:
Amerikanische Ale-Hefe, z. B.
15 ml Wyeast #1056 American Ale,
3 g Fermentis Safale US-05 oder
3 g Mangrove Jack US West Coast Yeast M44

→ Gärdauer und -temperatur:
mind. 10 Tage bei 17–20 °C

Flaschenreifung
→ Reifedauer und -temperatur:
mind. 3 Wochen bei 17–20 °C

Helles Weizenbier

—

ca. 5,2 % · 30 IBU · obergärig

Nicht nur in bayerischen Biergärten erfreut sich dieser klassische Bierstil großer Beliebtheit. Grund genug, ihn im Küchenformat für den nächsten zünftigen Abend zu brauen. Er eignet sich aufgrund einer relativ aufwendigen Temperaturführung nur bedingt für blutige Brauanfänger. Am besten mit einem Pale Ale oder IPA erste Brauversuche starten und sich dann mit dem süffig-fruchtigen Weizen belohnen.

TIPP

Gehört der Bodensatz aus der Flasche mit ins Weizenbierglas? Wir sagen: nein. Zumindest ist er keine Bereicherung für den Geschmack und hinterlässt eher eine stumpfe Textur auf der Zunge.

Kategorie	Deutsches Ale
Farbe	12–18 EBC
Aromen	 Banane  Gewürznelke  Vanille
Trinktemperatur	7–9 °C
Glasempfehlung	 Weizenbierglas
Food Pairing	 Sushi  Fisch  cremiger Ziegenkäse

REZEPT:

Maischen
→ Malzschüttung:
560 g Weizenmalz hell – *geschrotet*
280 g Münchner Malz – *geschrotet*
170 g Wiener Malz – *geschrotet*
110 g Helles Karamellmalz – *geschrotet*

→ Hauptguss:
4 Liter bei 56 °C

→ Temperaturführung:
10 Minuten bei 53 °C
45 Minuten bei 62 °C
15 Minuten bei 72 °C
0 Minuten bei 78 °C

Läutern
→ Nachguss:
3 Liter bei 78 °C

Hopfenkochen
→ Hopfengaben:
6 g Saphir (4,9 % α-Säure) für 50 min.
3 g Saphir (4,9 % α-Säure) für 10 min.
3 g Saphir (4,9 % α-Säure) < 80 °C

Gärung
→ Hefe:
Weizenbierhefe, z. B.
15 ml Wyeast #3068 Weihenstephan Weizen
15 ml White Labs WLP300 Hefeweizen Ale Yeast oder
3 g Mangrove Jack M20 Bavarian Wheat

→ Gärdauer und -temperatur:
mind. 10 Tage bei 18–22 °C

Flaschenreifung
→ Reifedauer und -temperatur:
mind. 2 Wochen bei 18–22 °C

Himbeer-Summer-Ale

—

ca. 4,7 % · 23 IBU· obergärig

Der Callista-Hopfen zaubert frische Aromen von Zitrusfrüchten, Mandarinenschale und einem Hauch rote Beeren in diesen spritzigen Hybrid aus Weizenbier und Session IPA. Als Krönung sorgen gestopfte Himbeeren außerdem für feine Säure und eine leuchtend rote Färbung des Bieres.

TIPP

100 g Himbeeren sorgen für eine blassrote Färbung, für eine feine Säure und einen eine feine Säure und einen dezenten Himbeergeschmack, 300 g für eine leuchtend rote Farbe und viel Säure.

Kategorie	Deutsches / Amerikanisches Ale
Farbe	10–16 EBC (+Himbeere)
Aromen	 Himbeere  Zitrone  Rote Beeren
Trinktemperatur	8–12 °C
Glasempfehlung	 Teku  Pintglas
Food Pairing	 Obstsalat  Ziegenfrischkäse  Geflügel

REZEPT:

Maischen
→ Malzschüttung:
660 g Pale Ale Malz – *geschrotet*
180 g Weizenmalz hell – *geschrotet*
180 g Helles Karamellmalz – *geschrotet*

→ Hauptguss:
4 Liter bei 71 °C

→ Temperaturführung:
60 Minuten bei 65–69 °C
0 Minuten bei 78 °C

Läutern
→ Nachguss:
3 Liter bei 78 °C

Hopfenkochen
→ Hopfengaben:
4 g Callista (4,2 % α-Säure) für 50 min.
4 g Callista (4,2 % α-Säure) für 30 min.
4 g Callista (4,2 % α-Säure) für 10 min.
8 g Callista (4,2 % α-Säure) < 80 °C

Gärung
→ Hefe:
Amerikanische Ale-Hefe, z. B.
15 ml Wyeast #1056 American Ale,
3 g Fermentis Safale US-05 oder
3 g Mangrove Jack US West Coast Yeast M44

→ Gärdauer und -temperatur:
mind. 10 Tage bei 17–20 °C

Stopfen
→ Zutaten und Dauer:
100–300 g gefrorene Himbeeren
für 3–5 Tage

Flaschenreifung
→ Reifedauer und -temperatur:
mind. 3 Wochen bei 17–20 °C

Oaked Scotch Ale

—

ca. 4,8 % · 34 IBU · obergärig

Nicht nur für Kaminabende ein absoluter Volltreffer, auch sonst ein immens charakterstarkes Selbstgebrautes: Unser Oaked-Scotch-Ale-Rezept widmen wir den beliebten fassgereiften Bieren und schummeln in der Küchenbrauerei die rauchige Note einfach durch in Whisky eingelegte Eichenchips in ein Bier à la „barrel aged".

TIPP

Dieses Bier verträgt eine lange Reifezeit, man könnte fast sagen: umso länger, desto besser. Geduld wird dafür mit weichen, karamelligen Whiskynoten und feinen Röstaromen belohnt, die bei zu kurzer Reifezeit kratzig und stechend sein können.

Kategorie	Englisches Ale	
Farbe	45–55 EBC	
Aromen	 Whisky	 Karamell
	 Kaffee	 Pflaume
Trinktemperatur	10–12 °C	
Glasempfehlung	 Schwenker	
Food Pairing	 Eintopf	 Rindfleisch
	 Cheddar	

REZEPT:

Maischen
→ Malzschüttung:
700 g Maris Otter Malz – *geschrotet*
350 g Münchner Malz – *geschrotet*
70 g Sehr dunkles Karamellmalz – *geschrotet*

→ Hauptguss:
4 Liter bei 71 °C

→ Temperaturführung:
60 Minuten bei 65–69 °C
0 Minuten bei 78 °C

Läutern
→ Nachguss:
3 Liter bei 78 °C

Hopfenkochen
→ Hopfengaben:
8 g East Kent Golding (6 % α-Säure) für 50 min.
2 g East Kent Golding (6 % α-Säure) für 10 min.

Gärung
→ Hefe:
Britische Ale-Hefe, z. B.
15 ml Wyeast #1098 British Ale oder
3 g Lalbrew Nottingham Ale

→ Gärdauer und -temperatur:
mind. 10 Tage bei 18–21 °C

Stopfen
→ Zutaten und Dauer:
20 g Eichenholz Chips (Medium Toast),
eine Woche eingelegt in Scotch Whisky
für 3–5 Tage

Flaschenreifung
→ Reifedauer und -temperatur:
mind. 4 Wochen bei 18–21 °C

Black IPA

—

ca. 5,7 % · 57 IBU · obergärig

Dunkel im Glas mit einer stabilen cremefarbenen Schaumkrone, dazu hopfenbetont-fruchtig und gleichzeitig röstig-malzig im Geschmack: Dürfen wir vorstellen? Unser knackiges Black IPA zum Selbstbrauen! Dieser relativ junge Abkömmling des klassischen IPAs darf in unserer Rezeptsammlung auf keinen Fall fehlen.

TIPP

Drei Wochen Reifezeit ist für dieses Bier das absolute Minimum. Es kann sogar einige Monate reifen und wird dann noch leckerer und ausgewogener im Geschmack!

Kategorie	Amerikanisches Ale
Farbe	> 80 EBC
Aromen	 Ananas  Zitrus  Kaffee
Trinktemperatur	8–12 °C
Glasempfehlung	 Teku  Pintglas
Food Pairing	 Curry  Blauschimmelkäse  süße Desserts  Ziegenfrischkäse

REZEPT:

Maischen

→ Malzschüttung:
825 g Pilsner Malz – *geschrotet*
385 g Münchner Malz – *geschrotet*
70 g Röstmalz Spezial Typ II – *geschrotet*
55 g Dunkles Karamellmalz – *geschrotet*

→ Hauptguss:
4 Liter bei 71 °C

→ Temperaturführung:
60 Minuten bei 65–69 °C
0 Minuten bei 78 °C

Läutern

→ Nachguss:
3 Liter bei 78 °C

Hopfenkochen

→ Hopfengaben:
5 g Cascade (5,5 % α-Säure) für 50 min.
5 g Chinook (10,5 % α-Säure) für 25 min
10 g Cascade (5,5 % α-Säure) für 5 min.
5 g Chinook (10,5 % α-Säure) für 5 min

Gärung

→ Hefe:
Amerikanische Ale-Hefe, z. B.
15 ml Wyeast #1056 American Ale,
3 g Fermentis Safale US-05 oder
3 g Mangrove Jack US West Coast Yeast M44

→ Gärdauer und -temperatur:
mind. 10 Tage bei 17–20 °C

Flaschenreifung

→ Reifedauer und -temperatur:
mind. 3 Wochen bei 17–20 °C

Pils

—

ca. 4,9 % · 33 IBU · untergärig

Pils ist der beliebteste Bierstil der Deutschen. Es ist trocken, feinherb und wird außerdem untergärig gebraut. Die entsprechenden Hefen sind ziemlich divenhaft und verzeihen keine Fehler bei der ohnehin schon kniffeligen Gärführung. Für Brau-Einsteiger empfehlen wir, erst einmal mit zwei, drei obergärigen Bieren zu starten.

HEFE-TIPP

Vor allem bei untergäriger Flüssighefe ist es wichtig, dass sie möglichst frisch ist. Am besten darauf achten, dass das Produktionsdatum maximal einige Wochen in der Vergangenheit liegt. Wem das zu hektisch ist, der greift zu Trockenhefe.

Kategorie	Deutsches Lager
Farbe	6–12 EBC
Aromen	 Hopfen  Butter
Trinktemperatur	6–8 °C
Glasempfehlung	 Pilstulpe  Stange  Pokal
Food Pairing	 Salat  Rotschmierkäse  Geflügel

REZEPT:

Maischen
→ Malzschüttung:
890 g Pilsner Malz – *geschrotet*
80 g Helles Karamellmalz – *geschrotet*

→ Hauptguss:
4 Liter bei 54 °C

→ Temperaturführung:
5 Minuten bei 51 °C
30 Minuten bei 63 °C
30 Minuten bei 73 °C
0 Minuten bei 78 °C

Läutern
→ Nachguss:
3 Liter bei 78 °C

Hopfenkochen
→ Hopfengaben:
5 g Magnum (12,0 % α-Säure) für 50 min.

Gärung
→ Hefe:
Lager-Hefe, z. B.
30 ml White Labs WLP830 German Lager,
30 ml Wyeast #2124 Bohemian Lager oder
6 g Fermentis Saflager S-23

→ Gärdauer und -temperatur:
mind. 10 Tage bei 10–12 °C
2 Tage bei 16–18 °C

Flaschenreifung
→ Reifedauer und -temperatur:
mind. 3 Wochen bei 10–12 °C

Altbier

—

ca. 4,7 % · 37 IBU · obergärig

Wer Kölsch sagt, muss auch Altbier sagen: Und das machen wir gern. Schließlich überzeugt dieses süffige, dunkle Bier nicht nur heimatverliebte Düsseldorfer durch seine nussige Malznote, die abgerundet wird durch feine, herbe Hopfennoten.

TIPP

Die herrlich karamelligen Aromen des Altbiers passen wunderbar zu deftigen Düsseldorfer Spezialitäten, wie etwa Blotwohsch oder Metthappen.

Kategorie	Deutsches Ale
Farbe	40–50 EBC
Aromen	 Malz  Nüsse  Karamell
Trinktemperatur	7–9 °C
Glasempfehlung	 Altbierbecher
Food Pairing	 Eintopf  Schwein  milder Schafskäse

REZEPT:

Maischen

→ Malzschüttung:
615 g Münchner Malz – *geschrotet*
330 g Wiener Malz – *geschrotet*
110 g Dunkles Karamellmalz Typ II – *geschrotet*

→ Hauptguss:
4 Liter bei 54 °C

→ Temperaturführung:
5 Minuten bei 51 °C
30 Minuten bei 63 °C
30 Minuten bei 73 °C
0 Minuten bei 78 °C

Läutern

→ Nachguss:
3 Liter bei 78 °C

Hopfenkochen

→ Hopfengaben:
13 g Hallertauer Mittelfrüh (3,7 % α-Säure) für 50 min.
5 g Perle (8,9 % α-Säure) für 5 min.

Gärung

→ Hefe:
Deutsche Ale-Hefe, z. B.
15 ml White Labs WLP036 Dusseldorf Alt Ale
3 g Fermentis Safale K-97

→ Gärdauer und -temperatur:
mind. 10 Tage bei 18–21 °C

Flaschenreifung

→ Reifedauer und -temperatur:
mind. 3 Wochen bei 18–21 °C

Weihnachtsbier

—

ca. 5,2 % · 20 IBU · obergärig

Hoppy X-mas! Ein besonderes Malz sorgt bei diesem obergärigen Bier für eine leuchtend rote Bierfarbe gepaart mit einer angenehmen Vollmundigkeit. Noch dazu bringen Zimt und Orangenschale weihnachtliche Aromen ins Glas. Schon jetzt ein echter Weihnachtsklassiker!

TIPP

Dieses Bier darf gerne mehrere Wochen oder sogar Monate reifen. Die Aromen der Gewürze werden mit jeder Woche runder.

Kategorie	Englisches Ale/Gewürzbier
Farbe	28–32 EBC
Aromen	 Orange  Zimt  Vanille  Malz
Trinktemperatur	10–12 °C
Glasempfehlung	 Schwenker
Food Pairing	 Lebkuchen  Eintopf  Schwein

REZEPT:

Maischen
→ Malzschüttung:
1.100 g BEST Red X® Malz – *geschrotet*

→ Hauptguss:
4 Liter bei 71 °C

→ Temperaturführung:
60 Minuten bei 65–69 °C
0 Minuten bei 78 °C

Läutern
→ Nachguss:
3 Liter bei 78 °C

Hopfenkochen
→ Hopfengaben:
6 g East Kent Golding (6 % α-Säure) für 50 min.

Gärung
→ Hefe:
Britische Ale-Hefe, z. B.
3 g Lalbrew Nottingham Ale,
15 ml Wyeast #1098 British Ale oder
15 ml White Labs WLP005 British Ale Yeast

→ Gärdauer und -temperatur:
mind. 10 Tage bei 18–21 °C

Stopfen
→ Zutaten und Dauer:
1 Zimtstange
Schale einer Bio-Saftorange und
5 g aufgeschlitzte Vanilleschote
für 3–5 Tage

Flaschenreifung
→ Reifedauer und -temperatur:
mind. 4 Wochen bei 18–21 °C
(besser: 3–6 Monate)

Gose

—

ca. 4,2 % · 18 IBU · obergärig

Gose ist ein historisches Sauerbier, das ursprünglich mit dem Wasser des gleichnamigen Flusses in Goslar gebraut wurde. Traditionell wird es mit Koriander und Kochsalz eingebraut sowie mit Hilfe von Milchsäurebakterien vergoren. Diese Bakterien zu zähmen, kann für Einsteiger etwas kniffelig sein. Daher greifen wir für die Säuerung unserer Gose stattdessen zu Milchsäure.

TIPP

Die Zugabe von Salz und Koriandersamen verstößt eigentlich gegen das Reinheitsgebot von 1516. Gosebrauer bekommen hierfür eine Genehmigung – trotzdem schließlich gab es diesen traditionellen Bierstil schon zuvor.

Kategorie	Deutsches Ale
Farbe	6–12 EBC
Aromen	 Salz, Koriander, Zitrone, Weizen
Trinktemperatur	6–8 °C
Glasempfehlung	 Stange, Teku, Tulpe
Food Pairing	 Schalentiere, Fisch, Ziegenkäse

REZEPT:

Maischen

→ Malzschüttung:
560 g Pilsner Malz – *geschrotet*
410 g Weizenmalz hell – *geschrotet*
110 g Helles Karamellmalz – *geschrotet*

→ Hauptguss:
4 Liter Hauptguss bei 48 °C

→ Temperaturführung:
15 Minuten bei 45 °C
20 Minuten bei 62 °C
40 Minuten bei 72 °C
0 Minuten bei 78 °C

Läutern

→ Nachguss:
3 Liter bei 78 °C

Hopfenkochen

→ Hopfengaben:
2 g Perle (8,9% α-Säure) für 50 min.
4 g Koriandersamen für 10 min.
4 g Ur-Meersalz für 10 min.
20 g Milchsäure (80%ig) für 10 min.
4 g Perle (8,9% α-Säure) für 5 min.

Gärung

→ Hefe:
Deutsche Ale-Hefe, z. B.
15 ml Wyeast 2565 Kölsch,
15 ml White Labs WLP029 German Ale/Kölsch
oder 3 g Fermentis Safale K-97

→ Gärdauer und -temperatur:
mind. 10 Tage bei 19–22 °C

Flaschenreifung

→ Reifedauer und -temperatur:
mind. 2 Wochen bei 19–22 °C

Fichten Ale

—

ca. 5,4 % · 33 IBU · obergärig

Die herrlich harzig und zitronig duftenden Triebe der Fichte sind vielseitig einsetzbar: Man kann aus ihnen Honig herstellen, sie zu Pesto verarbeiten und sogar roh naschen. Wir aber stopfen mit ihnen ein fruchtig-herbes Pale Ale und sorgen so für eine unvergleichliche Aroma-Explosion im Bierglas!

TIPP

Beim Ernten der hellgrünen Triebe im Mai sind Flächen für die Aufzucht von Weihnachtsbäumen tabu, sie werden stark gespritzt und sind außerdem Privateigentum. In vielen Parks und Wäldern ist das – maßvolle – Sammeln aber erlaubt. Achtung: nicht mit der giftigen Eibe verwechseln!

Kategorie	Amerikanisches Ale
Farbe	8–12 EBC
Aromen	 Wald, Zitrus, Harz, Hopfen
Trinktemperatur	8–12 °C
Glasempfehlung	 Teku, Pintglas
Food Pairing	 Schweinefleisch, Gegrilltes, Burger

REZEPT:

Maischen
→ Malzschüttung:
980 g Pale Ale Malz – *geschrotet*
125 g Helles Karamellmalz – *geschrotet*

→ Hauptguss:
4 Liter Hauptguss bei 71 °C

→ Temperaturführung:
60 Minuten bei 65–69 °C
0 Minuten bei 78 °C

Läutern
→ Nachguss:
3 Liter bei 78 °C

Hopfenkochen
→ Hopfengaben:
6 g Cascade (6,6% α-Säure) für 50 min.
6 g Cascade (6,6% α-Säure) für 20 min.

Gärung
→ Hefe:
Amerikanische Ale-Hefe, z. B.
15 ml Wyeast #1056 American Ale,
3 g Fermentis Safale US-05 oder
3 g Mangrove Jack US West Coast Yeast M44

→ Gärdauer und -temperatur:
mind. 10 Tage bei 17–20 °C

Stopfen
→ Zutaten und Dauer:
10–15 Fichtenspitzen
für 3–5 Tage

Flaschenreifung
→ Reifedauer und -temperatur:
mind. 3 Wochen bei 17–20 °C

Apfelcider

—

ca. 5,5 % · 0 IBU · obergärig

Ob nun Cidre, Cider oder Zider: Moussierender Apfelwein erfreut sich als prickelnde Erfrischung immer größerer Beliebtheit. Sogar bei Biertrinkern! Grund genug, ein solches Rezept unter die Braurezepte zu schmuggeln. Noch dazu geht die Cider-Herstellung etwas leichter von der Hand als das Bierbrauen, denn Maischen, Läutern und die Hopfung entfallen.

TIPP

Die Cider-Hefe vergärt im Saft enthaltenen Fruchtzucker zu Alkohol, was den „Jungcider" sehr sauer macht. Deswegen wird dieser mit Birkenzucker wieder aufgesüßt – dieser Zucker kann von der Hefe nicht vergoren werden, weswegen er sich im Gegensatz zu Haushaltszucker gut zum Süßen eignet.

Kategorie	Cider
Farbe	4–8 EBC
Aromen	 Apfel  Gras  Pfirsich
Trinktemperatur	10–12 °C
Glasempfehlung	 Apfelweinbecher
Food Pairing	 Obstsalat  Blauschimmelkäse  Lebkuchen

REZEPT:

Pasteurisieren

→ Saft:
5 Liter Apfelsaft – *naturbelassen & ungeschwefelt*

→ Pasteurisieren:
10 Minuten bei 70–75 °C

→ *So werden Keime und unerwünschte Hefesporen abgetötet. Nicht über 80 °C erhitzen, sonst wird der Cider später sehr trüb!*

Gärung

→ Hefe:
Französische Cider-Hefe, z. B.
15 ml Wyeast #4766 CIDER,
3 g Mangrove Jack M02 Cider oder
3 g Gozdawa French Cider G1

→ Gärdauer und -temperatur:
mind. 10 Tage bei 17–20 °C

Aufsüßen

→ Aufsüßen:
Mit 200 g Birkenzucker (Xylit)

→ *Dafür den vergorenen Cider von der Hefe in einen sterilisierten Kochtopf pumpen. 200 g Birkenzucker in 50 ml warmem Wasser auflösen und hinzugeben, anschließend wie gewohnt mit Haushaltszucker zur Karbonisierung in Flaschen abfüllen.*

Flaschenreifung

→ Reifedauer und -temperatur:
mind. 3 Wochen bei 17–20 °C

Vanilla Coconut Stout
von Henok Fentie

—

ca. 10,8 % · 50 IBU · obergärig

Omnipollo-Gründer Henok Fentie braut Biere, die für manch einen wie ein außer Kontrolle geratener Bier-Cocktail wirken. Für dieses Buch spendiert er uns ein kräftiges, mit Vanille und Kokosflocken gestopftes Imperial Stout, für das wegen der riesigen Malz- und Wassermenge mindestens ein 15-Liter-Kochtopf oder am besten gleich ein Einkochautomat benötigt wird.

TIPP

Vorderwürzehopfung bedeutet, dass der Hopfen schon beim Läutern hinzugegeben, „vorgelegt", wird. Dafür einfach die gesamte Hopfenmenge nach der ersten Läuterrunde in den gesäuberten Kochtopf geben und die Würze während der zweiten Runde draufplätschern lassen. Anschließend wird der Hopfen mit der Würze aufgeheizt und gekocht.

Kategorie	Englisches Ale / Imperial Stout
Farbe	> 80 EBC
Aromen	 Vanille 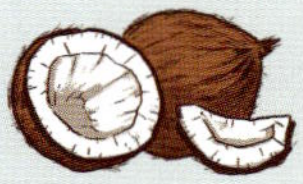 Kokosnuss  Schokolade
Trinktemperatur	10–12 °C
Glasempfehlung	 Pintglas  Stoutglas
Food Pairing	 Schokoladen-mousse  Blauschimmel-käse  schokoladige Desserts

REZEPT:

Maischen
→ Malzschüttung:
3.100 g Pilsner Malz – *geschrotet*
420 g Pale Chocolate Malt – *geschrotet*
290 g Haferflocken
300 g Maltodextrin
80 g unvermälzte Röstgerste – *geschrotet*

→ Hauptguss:
6 Liter bei 70 °C

→ Temperaturführung:
60 Minuten bei 66 °C
0 Minuten bei 78 °C

Läutern
→ Nachguss:
3 Liter bei 76 °C

Hopfenkochen
→ Hopfengaben (Vorderwürzehopfung):
11 g Magnum (15 % α-Säure) für 60 min.

Gärung
→ Hefe:
45 ml Imperial Yeast Darkness – A10

→ Gärdauer und -temperatur:
mind. 10 Tage bei 17–22 °C

Stopfen
→ Zutaten und Dauer:
5 g aufgeschlitzte Vanilleschote
200 g geröstete Kokosflocken
für 3–5 Tage

Flaschenreifung
→ Reifedauer und -temperatur:
mind. 4 Wochen bei 17–22 °C

Kleiner Hopfling
von Ralph Hertrich

—

ca. 5,2 % · 51 IBU · obergärig

Die Biere der Marke VETO haben klingende Namen wie „Schokobär“, „Zwickelhahn“ oder „Orangenfalter“, entsprechend hübsche Illustrationen schmücken die Etiketten der Flaschen. Für dieses Buch hat Ralph Hertrich uns eines seiner allerersten Rezepte aus Hobbybrauzeiten zur Verfügung gestellt: ein hopfengestopftes Pale Ale mit erfrischender Zitrusnote.

TIPP

Als gute Stopfhopfen-Alternativen empfiehlt Hertrich die Sorten Centennial oder Mandarina Bavaria.

Kategorie	Amerikanisches Ale
Farbe	8–12 EBC
Aromen	 Hopfen  Erdbeere  Honigmelone
Trinktemperatur	8–10 °C
Glasempfehlung	 Teku  Pintglas
Food Pairing	 Burger  Camembert  Geflügel

REZEPT:

Maischen
→ Malzschüttung:
800 g Pale Ale Malz – *geschrotet*
150 g Pilsner Malz – *geschrotet*
50 g Helles Karamellmalz – *geschrotet*

→ Hauptguss:
4 Liter bei 48 °C

→ Temperaturführung
5 Minuten bei 55 °C
30 Minuten bei 63 °C
30 Minuten bei 72 °C
20 Minuten bei 78 °C

Läutern
→ Nachguss:
2 Liter bei 78 °C

Hopfenkochen (hier 90 min.)
→ Hopfengaben:
10 g Hallertauer Mittelfrüh (4 % α-Säure) für 90 min.
10 g Hersbrucker (4 % α-Säure) für 90 min.
2 g Huell Melon (5 % α-Säure) für 8 min.

Gärung
→ Hefe:
3 g Lalbrew Nottingham Ale

→ Gärdauer und -temperatur:
mind. 10 Tage bei 17–20 °C

Stopfen
→ Zutaten und Dauer
15 g Huell Melon
für 3–5 Tage

Flaschenreifung
→ Reifedauer und -temperatur
3–4 Wochen im Kühlschrank

SHIPA
von Oliver Wesseloh

—

ca. 7,5 % · 65 IBU · obergärig

Ein immer gleiches Grundrezept und nur die Hopfensorte wird ausgetauscht – das ist im wahrsten Sinne des Wortes das Erfolgsrezept der SHIPA-Serie aus dem Hause der Kehrwieder Kreativbrauerei. Uns hat Oliver Wesseloh das Rezept verraten. Fehlt nur noch der Wunschhopfen – los geht es!

TIPP

Mit diesem Rezept kann man das Aromaprofil verschiedener Hopfensorten miteinander vergleichen. Wesseloh hat unter anderem die Sorten Mosaic, Simcoe, Amarillo, Polaris, Ariana, Hüll Melon und Galaxy in seiner SHIPA-Serie eingebraut.

Kategorie	Amerikanisches Ale
Farbe	18–20 EBC
Aromen	Variiert je nach Hopfensorte
Trinktemperatur	8–10 °C
Glasempfehlung	 Teku  Pintglas
Food Pairing	Variiert je nach Hopfensorte. Zum Beispiel:  Curry  Mexikanisch  Burger 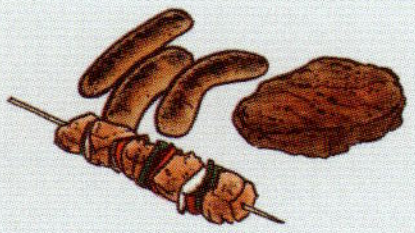 Gegrilltes

REZEPT:

Maischen
→ Malzschüttung:
930 g Wiener Malz – *geschrotet*
695 g Pale Ale Malz – *geschrotet*
75 g Caramünch I – *geschrotet*

→ Hauptguss:
4 Liter bei 50 °C

→ Temperaturführung
60 Minuten bei 66 °C
0 Minuten bei 78 °C

Läutern
→ Nachguss:
3 Liter bei 78 °C

Hopfenkochen (hier 75 min.)
→ Hopfengaben:
5 g Hopfen (z. B. 8 % α-Säure) für 75 min.
(Vorderwürzehopfung, siehe Tipp Coconut Stout)
3 g Hopfen (z. B. 8 % α-Säure) für 75 min.
3 g Hopfen (z. B. 8 % α-Säure) für 30 min.
3 g Hopfen (z. B. 8 % α-Säure) für 10 min.
5 g Hopfen (z. B. 8 % α--Säure) für 0 min.
3 g Hopfen (z. B. 8 % α--Säure) bei < 80 °C

Gärung
→ Hefe:
3 g Fermentis Safale US-05

→ Gärdauer und -temperatur:
mind. 10 Tage bei 16–18 °C

Stopfen
→ Zutaten und Dauer:
20 g Hopfen
für einen Tag bei 20 °C

Flaschenreifung
→ Reifedauer und -temperatur
mind. 2 Wochen im Kühlschrank

Quadrupel
von Ian Pyle

—

ca. 10,3 % · 25 IBU · obergärig

Im Interview verriet uns Ian Pyle von Ratsherrn, dass sein Brauerherz bei den Suden für belgische Triple und Quadrupel stets ein wenig höher schlägt. Und prompt händigte er uns das Rezept für ein vollmundiges, kräftiges Quadrupel aus, an das man sich nach etwas Übung mit anderen Bierstilen unbedingt rantrauen sollte.

TIPP

Das Quadrupel wird sehr warm vergoren, damit die für belgische Starkbiere typischen Fruchtaromen, sogenannte Ester, entstehen. Auch für dieses Rezept wird ein extragroßer Kochtopf mit einem Volumen von mindestens 12 Litern benötigt.

Kategorie	Belgisches Ale	
Farbe	40–45 EBC	
Aromen	 Pflaume	 Karamell
	 Koriander	
Trinktemperatur	12–15 °C	
Glasempfehlung	 Schale	
Food Pairing	 alter Gouda	 Schokoladen-mousse
	 Wildfleisch	

REZEPT:

Maischen
→ Malzschüttung:
1970 g Pilsner Malz – *geschrotet*
100 g Brewferm Special-B Malz – *geschrotet*
300 g dunkler Rübenzuckersirup
(z. B. D-90 Premium Dark Candi Syrup)

→ Hauptguss:
5,4 Liter bei 61 °C

→ Temperaturführung
15 Minuten bei 50 °C
45 Minuten bei 64 °C
25 Minuten bei 72 °C
0 Minuten bei 78 °C

Läutern
→ Nachguss:
4 Liter bei 78 °C

Hopfenkochen
→ Hopfengaben:
3 g Herkules (18,1 % α-Säure) für 60 min.
(Vorderwürzehopfung, s. Tipp Coconut Stout)
5 g Indische Koriandersamen – *grob zerstoßen*
< 80° C

Gärung
→ Hefe:
Belgische Strong Ale Hefe, z. B.
30 ml SP 376 Trappist Ale

→ Gärdauer und -temperatur:
mind. 10 Tage bei 27 °C

Flaschenreifung
→ Reifedauer und -temperatur
mind. 2 Wochen bei 27 °C

Flower Power IPA
von Thorsten Schoppe

—

ca. 4,7 % · 45 IBU · obergärig

Aus dem Schoppe-Bräu-Rezeptbuch verrät uns Braumeister Thorsten Schoppe einen fruchtigen Klassiker aus seinem beliebten Sortiment: das Flower Power Session IPA. Session steht übrigens für einen Bierstil, der sich durch weniger Alkoholgehalt auszeichnet.

TIPP

Eine „trinkbare Blumenwiese" nennt der Brauer sein Flower Power Bier. Die dahinter steckende Menge an Stopfhopfen erfordert etwas Fingerfertigkeit. Wir empfehlen ein paar Trockenübungen an der leeren Gärflasche, ehe es richtig losgeht.

Kategorie	Amerikanisches Ale
Farbe	20–25 EBC
Aromen	 Mango  Ananas  Kiefer
Trinktemperatur	8–12 °C
Glasempfehlung	 Teku  Pintglas
Food Pairing	 Gartensalat  Ziegenfrischkäse  Obstsalat

REZEPT:

Maischen
→ Malzschüttung:
915 g Wiener Malz – *geschrotet*
305 g Münchner Malz – *geschrotet*
60 g Melanoidinmalz – *geschrotet*

→ Hauptguss:
4 Liter bei 58 °C

→ Temperaturführung
30 Minuten bei 62 °C
20 Minuten bei 72 °C
0 Minuten bei 78 °C

Läutern
→ Nachguss:
3 Liter bei 78 °C

Hopfenkochen
→ Hopfengaben:
6 g Columbus (13,9 % α-Säure) für 30 min.
11 g Saphir (3,6 % α-Säure) für 0 min.

Gärung
→ Hefe:
3 g Fermentis Safale S-04

→ Gärdauer und -temperatur:
Start bei 20 °C
Dann mind. 10 Tage bei 24 °C

Stopfen
→ Zutaten und Dauer:
4 g Saphir
2 g Cascade
2 g Citra
2 g Chinook
für 3–5 Tage

Flaschenreifung
→ Reifedauer und -temperatur:
mind. 3 Wochen bei 24 °C

Viele Bierstile –
ein Bierbaum

—

Gärungsart, historische Wurzeln und ganze Stilfamilien: Die Vielfalt der Bierstile ist mindestens so groß wie manchmal verwirrend. Anbei ein Überblick über das bierige Stilchaos.

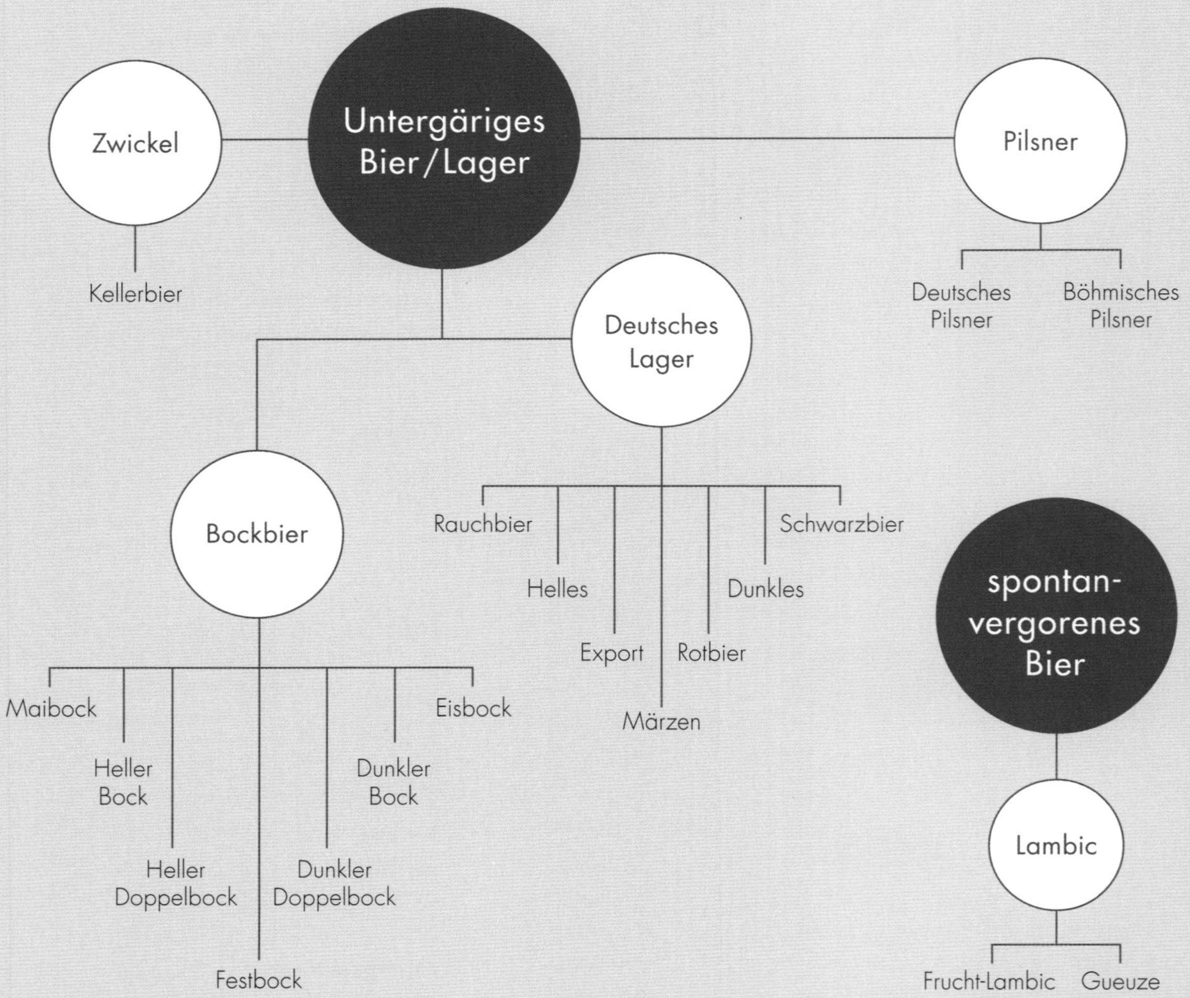

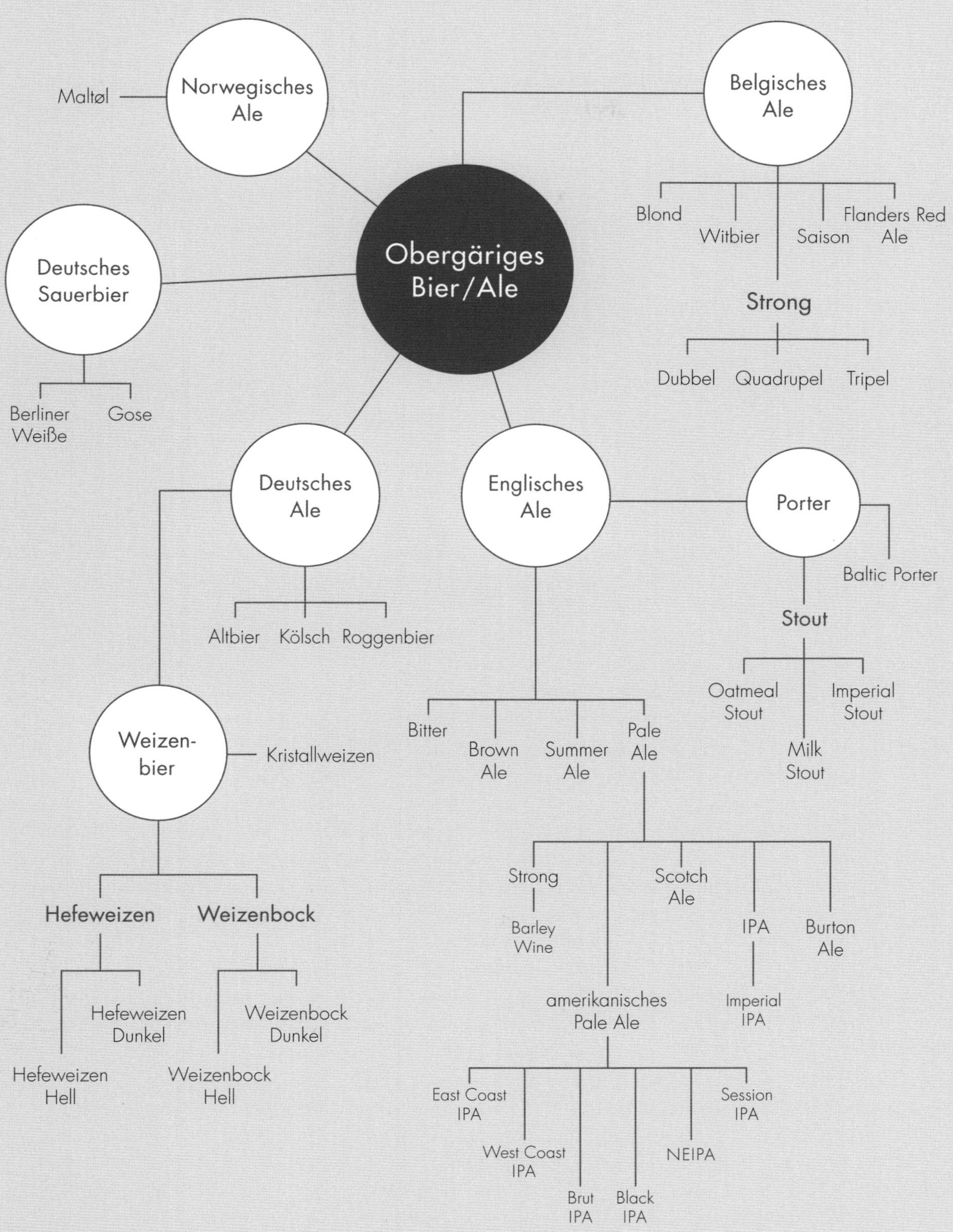
Obergäriges Bier/Ale
Norwegisches Ale
Maltøl
Deutsches Sauerbier
Berliner Weiße
Gose
Belgisches Ale
Blond
Witbier
Saison
Flanders Red Ale
Strong
Dubbel
Quadrupel
Tripel
Deutsches Ale
Altbier
Kölsch
Roggenbier
Weizenbier
Kristallweizen
Hefeweizen
Hefeweizen Dunkel
Hefeweizen Hell
Weizenbock
Weizenbock Dunkel
Weizenbock Hell
Englisches Ale
Bitter
Brown Ale
Summer Ale
Pale Ale
Strong
Barley Wine
Scotch Ale
IPA
Imperial IPA
Burton Ale
amerikanisches Pale Ale
East Coast IPA
West Coast IPA
Brut IPA
Black IPA
NEIPA
Session IPA
Porter
Baltic Porter
Stout
Oatmeal Stout
Milk Stout
Imperial Stout

Die Brauer

Sie brauen nicht nur gutes Bier, sondern haben auch jede Menge zu erzählen. Eine Brauerin und fünf Brauer, sechs ganz unterschiedliche Geschichten, aber eine gemeinsame Leidenschaft. Diese sechs Bierpersönlichkeiten haben auch mal klein angefangen. Manchmal sogar in der Küche…

Henok Fentie

Alles begann in einer Stockholmer Küche. Dort traute sich Fentie mit Topf und Eimer ans Heimbrauen. Jahre später hat er sich als Wanderbrauer zusammen mit seinem kreativen Gegenpart Karl Grandin weltweit einen Namen gemacht, denn ihre Marke Omnipollo macht Bier zu Popkultur.

Blaubeer-Ahorn-Schoko-Pfannkuchen-Erdnussbutter-Lassi-Gose: So klingt ein Bier aus der Feder, Pardon, aus dem Braukessel des Schweden, der sich schon als Kind wünschte, eines Tages als Konditor Gebäck zu kreieren. Dass aus Kuchen Bier wurde, ist seinem früheren Job für eine schwedische Pub-Kette geschuldet. Die englischen Biere faszinierten ihn. So braute er nach Feierabend zuhause. Mit Töpfen und Eimern fing es an, dazu Kühlspirale und Filterbeutel. Sein erster Brauversuch mit einem Freund war ungenießbar. Für den nächsten Sud plante er ein IPA und braute allein. Heraus kam ein Pale Ale mit etwa 4 %. „Ich hatte mich bei der Wassermenge verrechnet, aber es war trinkbar", so Fentie heute. Ab dem dritten Biersud ging es bergauf. Und um die Heimbrauerfreude zu teilen, lud Fentie seine Freunde ein, schenkte Selbstgebrautes aus. Die waren so begeistert, dass der Gedanke erstmals aufpoppte, damit Geld zu verdienen. Handwerklich gebraute Biere fehlten schließlich in Schweden.

Zunächst zog es ihn aber gemeinsam mit seiner heutigen Frau nach Belgien, in ein Land mit uralter Braukultur. Auch hier braute Fentie Abend für Abend und suchte schließlich Kontakt zu Brauern. Und bis heute weiß er nicht, wie es ihm gelang, aber er überzeugte den Brauer der flämischen Brauerei De Proefbrouwerij, mit ihm zusammenzuarbeiten. Es entstand Leon - ein belgisches Blond Ale mit Champagnerhefe, Amarillo- und Simcoe-Hopfen. Der Sud, benannt nach Fenties Erstgeborenem, wurde das erste kommerzielle Bier und ist heute noch das meistverkaufte der Marke. „Das war das Durchbruchs-Bier", erinnert sich der Brauer.

VON BRAUER ZU BRAUER

Rohstoff-Favorit: Hopfen – um den besten zu finden, reise ich auch mal nach Neuseeland und in die USA.

Bierstil-Favorit: Tatsächlich brenne ich für traditionell gebrautes Pilsner und (gut gemachte) dunkle, schwere Biere.

Besondere Fähigkeit beim Brauen: Da fällt mir spontan eine Sache ein: Ich bin gut darin, keine Begrenzungen zu sehen.

Kniff für angehende Hobbybrauer: Unbedingt die Temperatur im Blick haben – auch bei Gärung und Lagerung. Eine stabile Temperatur schafft enorme Unterschiede im Geschmack. Als ich die Temperaturführung begriffen habe, war das mein Quantensprung als Hobbybrauer.

Braufehler-Warnung: Man kann aus einem schlechten Rezept gutes Bier machen. Stimmt aber die Hygiene nicht, wird aus dem besten Rezept kein gutes Bier!

OMNIPOLLO

Die Brauerei wurde 2011 in Stockholm gegründet.

www.omnipollo.com

Zurück in Schweden lernte Fentie 2010 den Designer Karl Grandin kennen. Eine Begegnung, die er heute als Volltreffer bezeichnet. „Hier ist das Bier, ich brauche ein Etikett!", so (ungefähr) entstand die Zusammenarbeit der beiden, die schließlich als Geschäftspartner 2011 die Marke Omnipollo gründeten. Fentie als Brauer, Grandin als Designer. Nach dem Motto: Bier trifft Kunst – wird Popkultur. Es dauerte aber noch drei Jahre, ehe Henok Fentie seinen festen Job kündigte. Seitdem reist er als Wanderbrauer von Brauerei zu Brauerei durch die Welt. „Ein Hobby zum Beruf zu machen, ist wirklich Luxus", sagt der Brauer dankbar.

Die Ideen für seine Rezepte hat er spontan. So auch vor seiner Zusammenarbeit mit der niederländischen Brouwerij de Molen, die sich auf traditionelle, dunkle Biere spezialisiert hat. „Ich wollte unbedingt etwas lernen, aber auch selbst dazu beitragen. Also hab ich eine große Tasche voller Marshmallows mitgenommen." Das sorgte für Aufsehen und für super Bier. Heute braut Omnipollo nicht nur weltweit, betreibt Bars in Schweden, Tokio und Hamburg. 2020 hat die Brauerei ein Zuhause gefunden: Ab nun brodelt es im eigenen Braukessel in einer ehemaligen Kirche in Stockholm-Sundbyberg.

Ulrike Genz

—

Ein brennender Busch, Hefe-Diven und das vergessene Berliner Getränk: Spätestens wenn man einen Nachmittag lang mit Ulrike Genz eine Palette voller Schneeeule-Flaschen etikettiert, ist man komplett im Bann der sympathischen Brauerin, der faszinierenden Mikroorganismen und ihrer Berliner Weisse.

Dass sie mal Sauerbier braut und Hefe züchtet, das war nicht der Plan. Nach dem Studium hatte die Bauingenieurin im elterlichen Architekturbüro gearbeitet. Das machte auf Dauer nicht glücklich. Also entschied sie sich für ein Studium der Biotechnologie und bald für den Wechsel zum Studienzweig mit den sympathischeren Kommilitonen: den Brauern. Der Kommentar eines Bekannten geht ihr dabei nicht aus dem Kopf: „Wenn du Brauwesen studieren willst, musst du den Busch brennen sehen. Das geht nicht ohne Passion!"

Tatsächlich ist das Studium darauf ausgelegt, in einer Großbrauerei anzuheuern. „Dabei lernt man zuerst, welche besonderen Stoffe in Bier enthalten sind, kurz darauf dann, wie man alles wieder rausfiltert", so Genz noch heute irritiert. „Ich habe mich zwischendrin oft gefragt, wo der brennende Busch ist..." Die halbautomatische 200-Liter-Anlage der Versuchsbrauerei mit allem Drum und Dran war es mit Sicherheit nicht.

Anders der Brautag mit Kommilitonen im historischen Brauhaus eines Freilichtmuseums. Das Erleben des Brauhandwerks, das Mitanpacken, die unmittelbare Nähe zum Brauprozess und den Rohstoffen wurden zur Initialzündung. Ulrike Genz begann, zuhause zu brauen. Ganz simpel mit Topf, Eimer und Läuterblech. 20- bis 30-Liter-Sude, die von der Küche ins Bad und wieder zurück getragen wurden. Im Schlafzimmer das Geblubbere der Gärung.

Dann kam die Begegnung. Auf einer Tagung der Versuchs- und Lehranstalt für Brauerei schenkte der Braumeister Berliner Weisse aus. Ein fast vergessener Bierstil, der traditionell mit der wilden Hefe Brettanomyces, genannt

VON BRAUERIN ZU BRAUERIN

Rohstoff-Favorit: Hefe natürlich, aber nur, wenn ihr sie nicht Rohstoff nennt. Das sind meine Helfer, meine fleißigen Mitarbeiter, das ist in meinen Augen kein Rohstoff.

Bierstil-Favorit: Dit is Berliner Weisse!

Besondere Fähigkeit beim Brauen: Ich glaub, ich bin ganz gut zu meiner Hefe. Unter uns gesagt: Ich singe manchmal sogar für sie.

Kniff für angehende Hobbybrauer: Flaschen unbedingt mit Wasser ausspülen, sobald sie ausgetrunken sind. Sind da erst mal Mikroorganismen drin, bekommt man die so schnell nicht weg. Dann ist das nächste Selbstgebraute beim Abfüllen infiziert.

Braufehler-Warnung: Saubermachen! Und zwar nicht mit dem Lappen, der ist nicht sauber. Glaubt mir, ich hab im Labor gearbeitet, ich weiß genau, wovon ich spreche...

SCHNEEEULE

Die Brauerei wurde 2016 in Berlin gegründet.

www.schneeeule.berlin

Brett, und Milchsäurebakterien, also Lactobazillen, gebraut wird. „Was für ein Getränk! Warum gibt es das kaum? Warum braut das keiner?" Genz war nach dem ersten Schluck Feuer und Flamme. „Da war er wohl, der brennende Busch!" Und sie tauchte ein in alles, was man rund um den Bierstil finden konnte. Die größte Herausforderung: Wie kommt man eigentlich an Brettanomyces-Hefe? „Man konnte nur lesen, wie man Brett los wird. Nicht wie man sie zieht und wie sie sich wohlfühlt", erklärt Genz.

Hier kam ein Sauerbier-Brauer aus Leipzig ins Spiel. Von ihm erhielt sie die erste Brett – ganz klassisch als Bodensatz in der Flasche. Und die nächsten Semester braute und testete sie zuhause, ihr Mann half beim Probekosten. Die Mikroorganismen wuchsen ihr ans Herz. Sie beobachtete, dass sie Zeit brauchen, um sich anzupassen, und dass Brett eine unentschlossene, aber trotzdem gemütliche Diva ist, die sich immer wieder aufs Neue überlegt, wie sie beim Stoffwechseln vorgeht.

Genz tat sich mit Andreas Bogk zusammen, einem Urgestein des Berliner-Weisse-Revivals und bald lud man beide ein, für den jährlichen Berliner-Weisse-Gipfel zu brauen. „Da wollten wir nicht als Hobbybrauer auftreten, eine Marke musste her", so die studierte Brauingenieurin. Und schon wurde nach ein paar Bieren im Januar 2016 die Schneeeule geboren. Heute braut sie allein, führt die Geschichte der Berliner Weisse fort und rückt sie mit viel Liebe und Sorgfalt zurück auf die Bierkarte.

Ralph Hertrich

—

Hat ein waschechter Franke eine bierbegeisterte Familie und eine rankende Hopfenpflanze vorm Haus, ist es im Grunde nur eine Frage der Zeit, bis der Partykeller in eine Mini-Brauerei umfunktioniert wird. Dürfen wir vorstellen: Ralph Hertrich, Gründer der Biermarke VETO.

Das Interesse für Bier war schon immer da und es war groß, schließlich hat dies in Franken Tradition. Aber erst ein Braukurs, an dem Ralph Hertrich zusammen mit seinem Sohn teilnahm, entfachte die Brauleidenschaft in ihm. Kurzerhand baute er den Partykeller um, funktionierte den Getränkekühlschrank in sein Hopfen- und Hefe-Lager um, und eine kupferne BrauEule, jene Brauanlage, die er im Kurs zu schätzen gelernt hatte, zog in den fränkischen Keller ein. Entweder jetzt oder nie! Die ersten Sude basierten auf fertigen Malzmischungen, zu groß war seine Furcht, auf das falsche Verhältnis zu setzen. „Heute lächle ich darüber, weil man beim Brauen viel größere Fehler machen kann als bei der Malzmischung", so der Brauer. Dunkle, obergärige Biere entstanden. Und in die ersten Sude wanderten Dolden der Hopfenpflanze vorm Haus, die ursprünglich als schnell wachsender Sichtschutz angepflanzt worden war. Mit seinem kräuterigen, grasigen Aroma kam dieser Hopfen endlich zum Einsatz.

Unzählige Braubücher und Lesestunden in Hobbybrauforen später folgten auf die dunklen Biere Starkbiere. Und mit der Anzahl der Sude stieg auch die Begeisterung. Die gebrauten Biere wurden immer besser. Als bei Freunden die Nachfrage nach dem Selbstgebrauten stieg, stellte sich die Frage nach einer Selbstständigkeit. Nicht unwichtig bei dieser Entscheidung: Die Unterstützung seiner beiden Söhne, die es beruflich auch auf die Braueseite verschlagen hatte, und vor allen Dingen der Rückhalt seiner Frau Karin. 2015 war es so weit. Das Unternehmen Hopferei Hertrich samt Biermarke VETO waren bereits angemeldet, nun folgte die Entscheidung, den

VON BRAUER ZU BRAUER

Rohstoff-Favorit: Hopfen, das verrät bereits der Name unseres Unternehmens: Hopferei Hertrich. Aber ich weiß um die Wichtigkeit aller Komponenten, bei mir kommt kein Rohstoff zu kurz.

Bierstil-Favorit: Witbier, bei mir heißt das Bier übrigens Orangenfalter.

Besondere Fähigkeit beim Brauen: Ich bilde mir ein, die Aromen des Hopfens gut kombinieren zu können und die Zugabezeitpunkte exakt zu treffen.

Kniff für angehende Hobbybrauer: Sofern beim Maischen kein Rührwerk unterstützt: Nie mit dem Rühren aufhören! Angebranntes Bier wird nie ein Rauchbier, sondern ist etwas für den Gulli.

Braufehler-Warnung: Stellt nie etwas in die Nähe des Gärfasses, das selbst Hefeträger sein könnte. Bei uns waren es alte Holz-Obstkisten. Wir hatten nicht bedacht, dass die Hefen auf dem Holz auf die Würze überfliegen können. Das wurde kein Sauerbier, sondern einfach nur ungenießbar.

VETO

Die Biermarke wurde 2015 in Feucht gegründet.

www.hopferei.de

Vollzeitjob in der IT eines Unternehmens aufzugeben und sich ganz dem Brauen zu widmen.

Mittlerweile steht ein Nachfolger des ersten Brausystems im Keller des Wohnhauses, an dem Hertrich an Rezepten tüftelt. Bekommt ein Bier das Familien-Go bei abendlichen Verkostungen, ist ein neues VETO-Bier geboren. Im ehemaligen Partykeller wird zwar immer noch entwickelt, für den Verkauf aber reicht die Kapazität nicht aus. Die Rezepte werden hochgerechnet und im 15 Hektoliter Sudhaus vom Brauhaus Binkert in Breitengüßbach gebraut. Ein Familienunternehmen bleibt die Hopferei Hertrich trotzdem. Ralph Hertrich selbst übernimmt neben der Rezeptentwicklung und der Sud-Planung auch die Beschaffung der Rohstoffe sowie Vertrieb und Logistik. Den Rücken frei in der Buchhaltung und allen organisatorischen Fragen hält ihm Karin Hertrich. Sie sorgt auch dafür, dass die Biermarke regelmäßig auf Bier-Festivals vor Ort ist, um die VETO-Biere vorzustellen. Und für Ralph Hertrich ist klar: „Das Brauen brachte eine ganz andere Qualität in mein Leben, die Entscheidung war goldrichtig."

Ian Pyle

—

Sein Studentenjob in einem Craft-Beer-Shop in Philadelphia war der Auslöser: Und so tauschte der Amerikaner Ian Pyle nach einem geisteswissenschaftlichen Studium die Tastatur gegen den Braukessel und leitet heute mit Leidenschaft und viel Neugier die Ratsherrn-Versuchsbrauerei.

Als Teenager konnte Ian Pyle seiner Mutter beim Brauen zugucken, wenn sie eines der britischen Braubücher aus dem Regal zog und in der Küche loslegte. Aber erst Jahre später während seines Studentenjobs in einem Craft-Beer-Shop in Philadelphia entflammte seine Liebe zu gutem Bier. Er lernte Bierstile aus aller Welt und ihre Geschichte kennen, konnte sich durch Biere der US-Mikrobrauereien probieren und entwickelte ein feines Geschmacksgedächtnis. „Fasziniert haben mich in den fünf Jahren vor allen Dingen belgische und britische Biere", schwärmt Pyle in unserem Interview.

In dieser Zeit startete auch seine Hobbybrau-Karriere. Mit einem Rezept und dem Braubuch in der Hand ging er in einen Hobbybrau-Laden seiner Stadt, um sich mit Rohstoffen einzudecken. Dort wurde er belehrt, dass bei dem Rezept die Gefahr zu groß sei, dass es misslinge und er nie wieder brauen werde. Stattdessen riet man ihm, sich langsam heranzutasten, zunächst den Brauprozess zu erlernen. Den Laden verließ er mit einem Porter-Rezept samt Malzextrakt. „Du musst dir viel Mühe geben, das zu vermasseln", verabschiedete man ihn.

Und Pyle braute erfolgreich – mit Hummer-Kochtopf und Gäreimer. Die nächsten Sude folgten, und bald rüstete er auf: ein XXL-Topf mit Kugelhahn, Temperaturanzeige und Pipapo, dazu eine selbst gebaute Kühlspirale aus Kupferrohren. Gleichzeitig rückte der Gedanke, mit dem Uniabschluss als Sozialanthropologe am Schreibtisch zu landen, in die Ferne. „Der Reiz des Handwerklichen hatte mich gepackt", so Pyle heute. Und er entschied

VON BRAUER ZU BRAUER

Rohstoff-Favorit: Schwer zu sagen! Entdecke ich einen neuen Hefestamm oder ein Malz, mit dem ich noch nicht gebraut habe, packt mich Neugier. Das können aber genauso gut Gewürze oder ein Holzfass sein.

Bierstil-Favorit: Höhepunkt meiner Hobbybrau-Karriere und zugleich Renner im Freundeskreis war mein Oyster Stout, gebraut mit geschlossenen Austern. Außerdem mein Favorit: der flämische Bierstil Oud Bruin.

Besondere Fähigkeit beim Brauen: Definitiv mein Aromen- und Bierstil-Gedächtnis!

Kniff für angehende Hobbybrauer: Nicht zu viel auf einmal ausprobieren, sondern schrittweise herantasten. Startet mit einfachen Rezepten ohne zig verschiedene Malzsorten, das sind oft die besten.

Braufehler-Warnung: Lasst es in Ruhe! Gebt dem Bier Zeit. Nicht während der Gärung Proben nehmen oder den Gärbehälter hin- und herschieben.

RATSHERRN

Ian Pyle ist angestellt bei Ratsherrn, die Brauerei wurde 2010 in Hamburg neu gegründet.

www.ratsherrn.de

sich, bei einem Praktikum in den Beruf Brauer hineinzuschnuppern. Als erste Station fiel seine Wahl auf eine Privatbrauerei in Hamburg, der Heimatstadt seiner damaligen Freundin und heutigen Frau. Drei Monate blieb er und es gefiel ihm. Nach einem Praktikum in einer US-Craft-Brauerei kam er zurück nach Deutschland, um bei der Mälzerei Weyermann die Versuchsbrauerei kennenzulernen. Die dortige Braumeisterin nahm sich Zeit für den Praktikanten aus den USA, unterstützte ihn, früh eigene Rezepte an der 2,5-Hektoliter-Brauanlage zu entwickeln. Das Interesse für die Produktentwicklung stieg.

Das Studium zum Diplom-Braumeister krönte den neuen Berufsweg. Und Pyle erfüllte sich einen Traum: ein Praktikum bei der G. Schneider & Sohn Brauerei, deren Biere ihn schon damals im Biershop begeisterten. Er lernte nicht nur eine große Produktion kennen, auch der Prozess einer offenen Gärung war eine neue Erfahrung. Nach seinem Abschluss 2010 ging es zurück in die USA, und zwar für drei Jahre in die Produktentwicklung der Samuel Adams Brauerei in Boston, einem Vorreiter der Craft-Beer-Bewegung. 2013 dann die Rückkehr nach Hamburg und die Mitwirkung bei der Planung der Ratsherrn Mikrobrauerei. Seit 2014 entwickelt er hier im Kleinen, was in den Ausschank oder Verkauf geht – als limitierte Charge oder eben im Großen. Zwei seiner ersten Sude, ein Baltic Porter und ein Witbier, gehören längst zum Standardsortiment. Und nun ist er der Ratgebende, wenn ein Hobbybrauer mit Selbstgebrautem vor ihm steht und fragt: „Ian, was ist denn da wohl schiefgelaufen?"

Thorsten Schoppe

—

Per Knopfdruck Hektoliter für Hektoliter Pils brauen, das konnte sich Thorsten Schoppe nicht vorstellen. Also ging der Berliner früh seinen eigenen Weg – in einer Zeit, in der in Deutschland noch niemand über Craft Beer sprach. Nicht ohne Grund nennt ihn so manch einer heute einen Pionier.

Auf die Berufswahl Brauer stieß Schoppe zufällig und landete als Auszubildender in der Großbrauerei Feldschlösschen in Braunschweig. Zwischen den riesigen computergesteuerten Anlagen vermisste er allerdings früh das Handwerkliche, nahm sich Rohstoffe mit heim und braute kurzerhand im Waschkeller der Eltern. Das war 1992 – in einer Zeit vor Hobbybrauershops und -foren. Das Equipment war entsprechend simpel aber funktionell: So diente als Würzepfanne ein aufgesägtes 50-Liter-Bierfass mit Brenner drunter. Später kam ein Läuterbottich dazu, den der Hausmeister der Berufsschul-Unterkunft anfertigte. 140 Mark nahm dieser für den aus alten Becks-Fässern gefertigten Bottich. Ein Invest, das sich gelohnt hat. Er kommt noch heute in Schoppes Braukursen zum Einsatz.

Und so braute er im elterlichen Haus nach Feierabend. Sein erstes Selbstgebrautes? Ein Lager. Es wurde ein Fosters-Clone, wie er es in großen Mengen bei der Ausbildung braute. „Ob es schmeckte, weiß ich nicht mehr. Aber Alkohol war drin“, betont Schoppe lachend. „Aber ich erinnere mich, dass ich irgendwann beim Abfüllen von 40 Liter Selbstgebrautem auf 120 Flaschen im Keller saß und bei der langwierigen Arbeit davon träumte, dass es irgendwann ein Bier gibt, auf dessen Etikett mein Name steht“, erklärt Schoppe mit Blick auf heute.

Aber zunächst ging es für den Niedersachsen nach Berlin. Hier nahm der frisch ausgebildete Brauer nicht nur das Studium zum Brauingenieur auf, er traf auch auf allererste Pioniere einer deutschen Bierszene. Dreh- und Angel-

VON BRAUER ZU BRAUER

Rohstoff-Favorit: eindeutig der Hopfen!

Bierstil-Favorit: Tatsächlich braue ich gern immer wieder verschiedene Bierstile, genau deshalb habe ich mich schließlich selbstständig gemacht. Derzeit haben wir übrigens rund 20 Sorten standardmäßig im Sortiment.

Besondere Fähigkeit beim Brauen: Improvisation! Ich kann total gut die Brauanlage reparieren. Oder sagen wir: Sie wieder in einen Zustand versetzen, sodass sie weiterbraut!

Kniff für angehende Hobbybrauer: Ein Hauptknackpunkt beim Brauen ist der richtige Kohlensäure-Gehalt im Bier. Greift hier unbedingt zu Haushaltszucker, auch wenn das nicht reinheitsgebotskonform ist. Richtig dosiert, klappt es mit der Kohlensäure.

Braufehler-Warnung: Unbedingt auf Sauberkeit achten. Wie lange das Selbstgebraute haltbar ist, hängt stark davon ab, wie viel Zeit man in Sauberkeit investiert. Außerdem wichtig: reine Hefe. Verwendet sie nicht unbedingt mehrmals, so fängt man sich schnell eine Infektion ein.

SCHOPPE BRÄU

Die Brauerei wurde 2001 in Berlin gegründet.

schoppebraeu.de

punkt dieser war die damalige Bier-Company, ein Zusammenschluss aus drei Braumeistern, die eine kleine 100-Liter-Brauanlage in einem Kreuzberger Keller betrieben. Oben drüber befand sich ein Heimbrau-Shop mit einem kleinen Ausschank. Einzigartig in den Neunzigern in Deutschland. Das Publikum hier: besonders. Neben seinem Studium verkaufte Schoppe in dem Laden Heimbrauzubehör und leitete seine ersten Braukurse. „Wir trugen alle Käppis mit dem Slogan der amerikanischen Heimbrauer-Vereinigung: ‚We brew the beer we drink'", erzählt Schoppe und erklärt, dass er in dieser Zeit weit weg von Großbrauereien zu kleinteiligem Brauen rückte. Stattdessen schielte er Richtung USA, wo die Craft-Bewegung ordentlich Fahrt aufnahm.

Nach dem Studium kam die Gelegenheit: Schoppe stieg in Kreuzberg in eine Gasthausbrauerei ein, übernahm dort die Brauerei und gründete 2011 sein Unternehmen Schoppe Bräu. Mit der Flaschenabfüllung ein Jahr später steht sein eigener Name endlich auf dem Etikett einer Bierflasche. Der Traum im Waschkeller wurde Wirklichkeit. 2013 zog Schoppe Bräu weiter – an den Pfefferberg in Prenzlauer Berg, braut dort das Hausbier des Braugasthauses und auch den Großteil der Schoppe Biere. Einmal im Monat geht Schoppe in den Abstellraum hinter der Flaschenabfüllung und holt seine selbst gebaute Heimbrauanlage von damals hoch in den Gastraum. Dann zeigt er Interessierten im Braukurs, wie alles anfangen kann.

Oliver Wesseloh

—

Den Traum von einer eigenen Brauerei hatte der Hamburger früh, aber erst einige Stationen und karibische Trauminseln später, folgte die entscheidende Vision: Es war an der Zeit für kreative Biere. Heute sammelt er Preise. Als Person und natürlich für seine Biere der Kehrwieder Kreativbrauerei.

Er wird Bierbrauer in Kanada – so stand es bei Oliver Wesseloh in der Abizeitung. Die Berufsidee hatte sich während eines Schüleraustauschs in Nordamerika herauskristallisiert. „Die Mischung aus Wissenschaft und Kreativität fand ich spannend", ergänzt Wesseloh. Nach dem Abitur ging er als Praktikant an die Braukessel einer Hamburger Privatbrauerei und im Anschluss zum Brauwesen-Studium nach Berlin. Hier stand weniger das Handwerk im Vordergrund als vielmehr das Analytische und große Brauanlagen. Anders die Küchen-Abende mit Kommilitonen. Da war eine aus 50-Liter-Fässern gebaute Brauanlage der Mittelpunkt (alt-)bierseliger Abende. „Das war aber eher ein soziales Event als hochprofessionell", betont er lachend.

Frisch ausgebildet als Brauingenieur startete er zunächst die klassische Laufbahn in großen Unternehmen – die Idee einer eigenen Brauerei im Hinterkopf. Daran erinnert das Geburtstagsgeschenk seiner Frau Julia aus dieser Zeit, das heute in seinem Büro steht: eine Schachtel beklebt mit einem ersten Logo. „Nordlicht Brauer", so der Name 2002, und schon hier bildet ein Leuchtturm den Mittelpunkt. „Was aber fehlte, war die Vision. Pils und Weizen gab es genug", so Wesseloh. Kurz darauf stolperte er über einen Zweizeiler in einer Fachzeitschrift: Laborleiter gesucht für die Karibik. Was folgte, klingt fast zu idyllisch, um wahr zu sein. Als Brauingenieur wurde er zunächst auf der Karibikinsel Dominica und dann auf den Cayman Inseln eingesetzt. Der Job: eher Routine. Umgebung, Leute und Kultur: ein Traum.

2009 der Umzug nach Miami, von wo aus er als technischer Vertriebsleiter eines Unternehmens Brauereien bereiste. In der New Belgium Brauerei bekam er die Test-

VON BRAUER ZU BRAUER

Rohstoff-Favorit: Hopfen, wandert aber langsam Richtung Hefe. Und wären Fässer ein Rohstoff, dann als Extra-Zutat, denn ein Fass macht Magie.

Bierstil-Favorit: Pale Ale – ein gut gemachtes Pale Ale ist eine Allzweckwaffe.

Besondere Fähigkeit beim Brauen: Ich beherrsche ganz gut die Mischung aus Künstlerischem und Analytischem, und habe daher ein gutes Gefühl für Rezepte. Teste ich ein neues Rezept, bin ich immer 90 Prozent im Zielradius.

Kniff für angehende Hobbybrauer: Fangt mit obergärigen IPAs an, sie sind in der Temperaturführung einfacher, und mit einer Wagenladung voller Hopfen kann man auch Braufehler überdecken.

Braufehler-Warnung: Immer vernünftig mitschreiben. Wer nicht dokumentiert, kann nicht lernen!

KEHRWIEDER KREATIVBRAUEREI

Die Brauerei wurde 2012 in Hamburg gegründet.

www.kehrwieder.beer

abfüllung eines IPAs in die Hand gedrückt. „Ich hab die Dose geöffnet, einen Schluck genommen", erinnert der Brauer sich, „Und was für ein geiler Scheiß!" Da war er, der Schlüsselmoment! Und mehr folgten. „Mein Job war es, Brauereien der Craft-Beer-Szene zu bereisen. Aus Biersicht genial", so Wesseloh. Er reiste und saugte wie ein Schwamm auf, was er über die Herstellung der Bierstile erfuhr. Da war er wieder: Der Wunsch, andere mit eigenen Bieren zu begeistern.

Zunächst begeisterte er seine Freunde. Denn bei jedem Heimatbesuch wurde er mit seinem Koffer voller Bier aus den USA sehnsüchtig erwartet. Genau diese Freunde waren es auch, die ihn und seine Frau bei einem Heimatbesuch 2011 darin bestärkten, den Traum einer eigenen Brauerei wahr werden zu lassen. Ein Jahr später zog die Familie, mittlerweile waren sie zu viert, zurück nach Hamburg. Gegründet wurde die Kehrwieder Kreativbrauerei 2012, zunächst gemeinsam mit dem Hamburger Brauer Fiete Matthis, der seit 2014 die Wildwuchs Brauerei betreibt. Um die Kosten gering zu halten, wurden sie kreativ, schufen eine Brauanlage aus alten Milchtanks. Auch die schwierige Standortsuche handelten sie, brauten zunächst als Gipsybrauer in Brauereien in Dänemark und Deutschland. 2013 kam das erste Bier in die Flasche: ein hopfengestopftes Lager. Als Prototyp gedacht, kam es unter Bierfreunden so gut an, dass nicht nur das Rezept unverändert blieb, sondern auch der Name. Seit 2014 gebraut in der eigenen Brauerei, die Milchtanks stehen nun in Hamburg-Sinstorf.

Noch mehr Brauen

Hobbybrauen kann süchtig machen. Grund genug, ein paar Ideen für Biere mit noch mehr Aroma durch Hopfenstopfen oder kreative Zutaten vorzustellen. Außerdem: Wie geht es weiter für den fortgeschrittenen Küchenbrauer? Wir präsentieren Alternativen zum Brauen mit Topf & Co.

Hopfenstopfen
Für das Extra an Aromen

—

Garant für große Aromenvielfalt: das Hopfenstopfen. Und das gelingt mit ein paar wenigen Kniffen auch in der kleinen Küchen-Brauerei.

Nicht nur bei Braumeistern und Hobbybrauern in aller Munde: das Hopfenstopfen beziehungsweise die Kalthopfung. Häufig liest man auch den englischen Begriff „Dry-Hopping" auf dem Bier-Etikett. Doch was steckt eigentlich genau dahinter? Kurz gesagt, beschreibt es einen Aromatisierungsprozess, bei dem der Brauer nach der Hauptgärung Hopfen mit einem hohen Aromaölanteil ins Jungbier gibt, um ein Extra an Aromen ins Bier zu bringen. Wir erinnern uns: Hopfen enthält sowohl Bitterstoffe als auch Aromaöle. Letztere sorgen für das Aromenbouquet im Bier (siehe Kapitel „Hopfen").

Aber mit einfach mal Hopfen in den Sud bröseln ist es beim Hopfenstopfen nicht getan. Stattdessen muss nicht nur der richtige Zeitpunkt berücksichtigt werden, auch die Hopfensorte und die Dosierung spielen eine Rolle. Nur so kann man das Beste aus ihm herauskitzeln. Hopfenstopfen ist übrigens nicht nur bei Pale Ales, Pale Lagers und IPAs beliebt, sondern funktioniert auch bei klassischen Bierstilen wie einem Pils oder Weizen. Hauptsache, man stopft mit Fingerspitzengefühl!

Wortwörtlich kaltgehopft

Beim Hopfenstopfen wird Hopfen im Kaltbereich des Brauprozesses hinzugegeben, und das nicht ohne Grund. Während sich die Bitterstoffe am besten beim Hopfenkochen aus dem Hopfen extrahieren lassen, kann man die ätherischen Öle des Hopfens nicht oder nur sehr bedingt durch die hohen Temperaturen retten. Sie verflüchtigen sich bei Hitze. Und sie mögen es nicht nur kälter, sie lassen sich auch am besten durch Alkohol extrahieren. Daher wartet man die Hauptgärung ab und beginnt erst kurz vor der Abfüllung mit dem Stopfen. Hierbei wird der Hopfen lose oder wie Tee im Beutel für eine gewisse Zeit in das Jungbier gegeben, sodass er im Grunde genommen gut „durchzieht" wie ein klassischer Teeaufguss. Dabei gibt er die Hopfenöle ab, und die feine Aromatik des Hopfens kommt zur Geltung.

BLICK ZURÜCK IN DIE BRAUGESCHICHTE:

Die Methode selbst ist sehr alt. Ursprünglich wurde mit der Kalthopfung aber nicht am großen Aromarad für das entstehende Bier gedreht, stattdessen setzten die Brauer auf die späte Hopfengabe, um den Trunk haltbar zu machen. Hopfen hat eine antibakterielle und konservierende Wirkung, die bereits im Mittelalter entdeckt wurde. Und so wurden Hopfendolden in die Fässer gegeben, um das Bier länger lagern zu können. Jahrhunderte später erst wurde die altbewährte Methode durch die Craft-Beer-Szene in den USA wiederentdeckt – und zugleich das Extra an Aromen.

Und so stopft man Jungbier

Wer Lust auf geballte Aromenvielfalt im Selbstgebrauten hat, kann in der Küchenbrauerei mit einfachen Mitteln, wie Teebeuteln, Murmeln und etwas Schnur, das Bier nach Lust und Laune kalthopfen. Wir erklären, wie es geht, und geben etwas Hopfen-Inspiration!

Die beste Methode ist es, den Hopfen in das bereits vergorene Jungbier zu geben und danach wieder zu entnehmen. Hilfreich sind hier wiederverwendbare Vlies-Teebeutel mit Zugband, die man vielleicht sogar im Küchenschrank hat. Da die Hopfenpellets bei der Hopfengabe sehr stark aufquellen, sollte man die Menge entsprechend auf mehrere Beutel verteilen und nicht mehr als drei Gramm Hopfen pro Teebeutel verwenden. Damit die Hopfenfilter nicht an der Oberfläche schwimmen, legt man ein paar Murmeln mit in den Beutel, um ihn zu beschweren. Den Beutel dann mit einer Schnur verschließen und für zwei, drei Tage in das Jungbier absenken. Anschließend sehr vorsichtig an der Schnur wieder entnehmen, damit der Bodensatz nicht aufgewirbelt wird und der Beutel nicht reißt.

Unsere Empfehlung: Am besten vor dem Hopfenstopfen auch noch den Hefe-Bodensatz entfernen, damit die Vlies-Beutel nicht in ihm versenkt werden. So wird auch beim Herausziehen der Beutel nicht allzu viel Hefe aufgewirbelt.

Das ist ein Extra-Arbeitsschritt, aber der lohnt sich im Hinblick auf den späteren Geschmack des Bieres. Dafür zunächst das Jungbier mit Hilfe des Schlauchs und der Abfüllpumpe in einen zweiten, gut desinfizierten Behälter, zum Beispiel einen Eimer, abpumpen. Fürs Säubern kommt hier wieder die Reinigungsflüssigkeit beziehungsweise kochend heißes Wasser zum Einsatz. Dabei die Flüssigkeit ganz vorsichtig mit der Abfüllpumpe von der Hefe abziehen. Anschließend die Gärflasche gründlich säubern und desinfizieren.

Nun die Vlies-Beutel mit dem Hopfen samt Murmeln an der Schnur in die Gärflasche geben und das Jungbier wieder in die Flasche zurückpumpen. Im Fachjargon spricht man hier von „auf den Hopfen schlauchen". Stopfen und Spund auf die Flasche, dann heißt es: abwarten! Nach zwei, drei Tagen den Hopfenbeutel aus der Gärflasche ziehen und das Bier auf die Flaschen verteilen.

Hopfenstopf-Beispiele zum Ausprobieren

Bierstil	**Menge/ Liter**	**Beliebte Hopfen-Kombis**
englische IPAs	2–4 g	Amarillo + Simcoe Cascade + Centennial Citra + Amarillo, Callista + Ariana Mosaic + Galaxy Callista + Hallert. Blanc Ariana + Perle **Single Hop:** Simcoe, Cascade, Centennial, Mandarina Bavaria, Huell Melon, Comet, Nelson Sauvin
West-Coast IPA	6–8 g	
East-Coast IPA	3–5 g	
NEIPA	3 x 4–6 g	
Pale Ale (amerikan.)	4–6 g	
Pils	4–5 g	
Weizen	2–3 g	

WICHTIG

Bei einer 5-Liter-Gärflasche ist die Hopfenmenge, mit der man stopfen kann, leider auf maximal 3 Teebeutel à 3 Gramm Hopfen begrenzt, da das Bier sonst überquillt.

WICHTIG DABEI

Sämtliches Zubehör, wie Murmeln, Beutel und Schnur, muss vor der Benutzung in einem kochend heißen Wasserbad desinfiziert werden, um das Jungbier nicht mit Keimen zu infizieren.

Kreative Zutaten: So verfeinert man das Selbstgebraute

Als Hobbybrauer kann man Massentauglichkeit, Absatzzahlen sowie dem Reinheitsgebot trotzen und mit Kräutern, Früchten & Co. seiner Kreativität fürs Selbstgebraute (fast) freien Lauf lassen. Je nach Extra-Zutat geht man dabei unterschiedlich vor. Wir haben ein paar Ideen!

Kaffee

Manche (Hobby-)Brauer schwören auf ganze Kaffeebohnen, andere auf leicht mit der Mühle aufgebrochene Bohnen oder sogar auf einen Espressoshot. Wir empfehlen: Das Jungbier nach der Gärung wie beim Hopfenstopfen mit einem gehäuften Esslöffel frisch gemahlenem Kaffee im Vlies-Beutel stopfen. Der Wachmacher passt besonders gut in Stouts und Porter.

Koriander

Koriandersaat, wie sie in die Bierstile Gose oder belgisches Witbier gehört, kann man die letzten 5 Minuten beim Hopfenkochen dazugeben und anschließend wieder heraussieben. 3 bis 5 Gramm reichen schon, um sich im fertigen Bier bemerkbar zu machen. Wer ein komplexeres Aroma im Selbstgebrauten möchte, stopft die Koriandersaat nach der Gärung. Auch das leichte Mörsern der Samen steigert das Aroma.

Himbeeren

Nicht nur fruchtig wird es mit Himbeeren, sie verleihen dem Bier auch eine rötliche Färbung und erfrischende Säure. Am besten stopft man mit Tiefkühl-Himbeeren, denn sie sind gefroren gleichzeitig sterilisiert. Dazu 100 bis 300 Gramm Himbeeren leicht antauen, anschließend nach der Gärung mit den Früchten stopfen. Bei 100 Gramm ist der Geschmack subtil und die Färbung leicht rötlich, setzt man hingegen auf 300 Gramm ist der säuerlich-fruchtige Geschmack ebenso deutlich wie die rote Farbstärke. Unser Tipp: Passt super zu Weizenbieren und zu hellen Bieren ohne dominante Hopfenbittere.

Chili

Wie wäre es etwa mit Jalapeños? Die Schärfe passt zu fruchtigen Bieren wie IPAs und Weizen. Kerne entfernen, sonst wird die Schärfe unberechenbar. Anschließend Schote in Scheiben schneiden. Mit einer geringen Menge anfangen und dann beim nächsten Brauen langsam herantasten. 5 bis 10 Gramm reichen bei Jalapeños locker zum Stopfen aus. Für Ungeduldige empfehlen wir statt Stopfen: Chili in den letzten 10 Minuten beim Hopfenkochen dazugeben und kurz vor Befüllen der Gärflasche herausfischen.

Orangenschale

Absolutes Muss fürs Witbier, aber auch gut, um die Fruchtigkeit bei Weizenbieren, Pale Ales und IPAs zu unterstreichen: die Schale einer Bio-Saftorange. Wenn es schnell gehen soll, die Zeste einer Orange ohne das bittere Weiße abtrennen und die letzten 5–10 Minuten beim Hopfenkochen dazugeben. Wer mehr Aroma möchte, schneidet die Schale einer Orange in etwa mundgerechte Stücke und stopft damit das Jungbier. Übrigens ist die Orange auch eine super Zutat für Weihnachtsbiere.

VORSICHT

Für Extra-Zutaten gilt: Weniger ist mehr, denn die Aromen dürfen nicht aufdringlich alles übertünchen. Die Kunst besteht darin, die richtige Dosierung herauszufinden, damit der Geschmack subtil bleibt und sich harmonisch ins Gesamtbild des Bieraromas fügt.

Nüsse

Brauen mit Nüssen ist so eine Sache, denn die meisten sind sehr ölhaltig, und das kann auf Kosten der Schaumqualität beim Bier gehen. Daher vorsichtig dosieren! Um das Aroma der Nüsse zu verstärken, hilft es, sie im Ofen bei etwa 150 °C für etwa 20 Minuten zu rösten. Anschließend leicht zerstoßen und in die Maische geben. Gut eignen sich zum Beispiel 50 Gramm zerstoßene und geröstete Haselnüsse, um das ohnehin schon Nussig-Röstige in einem Brown Ale zu flankieren.

Zimt

Je nach Gewürz geht man verschieden vor, um Aromen ins Bier zu bekommen. Für Zimt gilt: Auf keinen Fall mitkochen, sonst landen die im Zimtholz enthaltenen Bitterstoffe im Bier, die neben der zusätzlichen Bitterkeit auch noch für ein unangenehmes medizinisches Aroma sorgen. Stattdessen eine Zimtstange nehmen und in der Mitte zerbrechen, so passt sie in den Vlies-Beutel. Nach der Gärung das Bier damit stopfen, schon bekommen dunkle Biere einen weihnachtlichen Charakter.

Kräuter

Rosmarin, Minze, Zitronengras: Hier sind der Fantasie und den persönlichen Vorlieben kaum Grenzen gesetzt. 3 bis 5 Gramm gestopfte Rosmarinspitzen oder Thymianblättchen bringen eine spannende Würzigkeit in helle Biere. Bei Minzblättern und Zitronengras dürfen es gern 3 bis 7 Gramm sein. Bei Letzterem die Stängel vorher mit dem Messerrücken anquetschen. Für Lavendelblüten gilt vor allem bei frischen Blüten: Hier reichen locker 2 bis 3 Gramm aus, sonst mutet es schnell seifig an.

Vanille

Auch diese sollte nicht mitgekocht werden. Ein subtiles Aroma bringt das Stopfen mit einer aufgeschlitzten Schote. Noch intensiver: Eine Schote während der Hauptgärung in 50 Milliliter Bourbon einlegen. Dieser entzieht der Vanilleschote fast das komplette Aroma und harmoniert damit durch die eigene honigsüße Rauchigkeit. Extrakt kurz vor der Flaschenabfüllung ins Jungbier geben. Passt zu Stout und Porter!

Lactose

Gut in Kombi mit Kaffee funktioniert die Zugabe von Lactose, also Milchzucker: Sie sorgt nicht nur für ein seidig weiches Mundgefühl, sondern bringt auch eine gewisse Süße ins Bier. Das funktioniert besonders gut in Kombination mit den typischen Röstaromen eines Stouts oder Porters. Wir empfehlen: 30–80 Gramm Lactosepulver etwa fünf Minuten vor Kochende beim Hopfenkochen dazugeben, damit es sich gut auflöst.

Zitronenschale

Die Schale einer Bio-Zitrone bringt gestopft ein intensives Zitrusaroma ins Bier. Das macht sich besonders gut in einer Gose oder einem Saison. Mit gestopfter Koriandersaat harmoniert sie perfekt in Witbieren. Außerdem unterstreicht sie den Charakter von IPAs mit Hopfensorten wie etwa Cascade, die ohnehin Zitrusnoten ins Bier bringen. Tipp: Die Zeste vor dem Stopfen etwas andrücken, das intensiviert das Aroma.

Man kann ohne Liebe Holz hacken, Eisen schmieden und Ziegel formen, Bier brauen ohne Liebe aber kann man nicht.

Leo (Lew) Tolstoi

BIER BIER BIER BIER 1999
BIER BIER BIER BIER 2000
BIER BIER BIER BIER 2001
BIER BIER BIER BIER 2002
BIER BIER BIER BIER 2003
BIER BIER BIER BIER 2006
BIER BIER BIER BIER 2007
BIER BIER BIER BIER 2008
BIER BIER BIER BIER 2009
BIER BIER BIER BIER 2010
BIER BIER BIER 2018
BIER BIER BIER BIER 2019
BIER BIER BIER BIER 2020
BIER BRAU-
BIER KRAM
BIER DINGE SACHEN
BIEROKRATIE
BIEROKRATIE

Des Brauers Pflicht:
Die Steueranmeldung

—

Braut man zuhause Bier, und zwar in einem überschaubaren Rahmen, dann muss man keine Steuern zahlen. Trotzdem möchte der Fiskus informiert werden.

200 Liter Bier darf man in Deutschland als Hobbybrauer im Jahr brauen. Das entspricht immerhin 600 kleinen 0,33-Liter- beziehungsweise 400 Halbliterflaschen. Genug für den Eigenbedarf an Feierabendbier und Probier- Abende unter Freunden. Erst wenn man drüber liegt, ist eine Steueranmeldung und auch eine Zahlung fällig, und zwar die Biersteuer für alles über den erlaubten 200 Litern. Erhoben wird für Privatleute ein ermäßigter Biersteuersatz, die Höhe ist außerdem abhängig vom Stammwürzegehalt des zu versteuernden Bieres.

Nichtsdestotrotz möchte der Fiskus über jedes heimische Brauvorhaben in Kenntnis gesetzt werden. Vor dem Braubeginn ist man nach deutschem Steuergesetz daher verpflichtet, das Vorhaben anzumelden. Das aber funktioniert ganz unkompliziert per Mail oder Post an das zuständige Hauptzollamt. Welches das ist, findet man zum Beispiel im Internet unter www.zoll.de schnell heraus. Folgende Angaben gehören formlos in das Schreiben an das zuständige Hauptzollamt:

- ✓ **Kontaktadresse**
- ✓ **Brauort**
- ✓ **geplante Biermenge** (entspricht bei den Buchrezepten 4 Litern)
- ✓ **Datum des Brautages**
- ✓ **Versicherung** (dass die voraussichtliche Menge im aktuellen Kalenderjahr unter 200 Litern liegen wird)

In der Regel kommt relativ zügig ein Brief des Hauptzollamts zurück – oft mit dem Hinweis, dass man sich erst wieder melden muss, wenn man mit der jährlichen Gesamtmenge an Selbstgebrautem über den besagten 200 Litern liegt. Liegt dieser Brief vor, darf man offiziell loslegen.

Etwas unkomplizierter handhabt es die Schweiz. Wer hier zuhause braut, benötigt bis zu einer jährlichen Menge von 400 Litern für den Eigenbedarf keine Genehmigung, vorausgesetzt, das Selbstgebraute ist für den Eigengebrauch vorgesehen. Auch eine Meldung ist nicht notwendig. Liegt die Menge über der jährlichen Grenze, meldet man das Selbstgebraute bei der Oberzolldirektion an. Auch hier bildet der Stammwürzegehalt die Grundlage für die Biersteuerabgabe.

NOCH BESSER

In Österreich wird die Biersteuer nur auf die gewerbliche Herstellung von Bier erhoben. Geradezu paradiesische Zustände für Hobbybrauer!

Fehlaromen
Erkennen & vermeiden

—

Ob Fehler beim Brauen, Hygienepatzer oder falsche Lagerung – mitunter kann Gebrautes auch mal danebengehen und Fehlaromen übertünchen die Charakteristik des Bieres. Dabei gilt wie immer im Leben: Aus Fehlern lernt man.

Es riecht und schmeckt medizinisch!

Arzt-Besuch in der Nase schon vor dem ersten Schluck Bier? Dahinter steckt das sogenannte Chlorphenol, das als unerwünschtes Nebenprodukt von wilden Hefen ins Spiel gebracht wird.

Begibt man sich auf Fehlersuche, muss man zuallererst gechlortes Leitungswasser oder einen chlorhaltigen Reiniger ausschließen. Ist beides nicht der Fall, ist das Selbstgebraute womöglich wirklich infiziert. Beim nächsten Brauen also noch strikter an die Hygiene-Regeln halten. Außerdem die Brau-Ausrüstung überprüfen: Eine unebene, tiefe Naht des Kunststoffeimers etwa kann bereits ein Schlupfloch für Mikroorganismen darstellen.

Es schmeckt unangenehm ranzig!

Diacetyl ist das Stichwort – diese Verbindung entsteht während der Gärung aus einem Stoffwechselprodukt von Hefen und Bakterien. Und eben diese Verbindung ist in allen Bieren enthalten, aber die Dosis macht's! Stimmt sie, gilt ein Bier als besonders vollmundig – gewünscht ist sie zum Beispiel als charakteristische buttrige Note bei böhmischen Pilsbieren.

Gewinnt Diacetyl hingegen im Bier die Oberhand, handelt es sich um einen Bierfehler. Selbstgebrautes schmeckt dann süßlich butterartig und im schlimmsten Fall ranzig. Was hilft: Nicht zu früh abfüllen und untergärige Biere am Ende der Gärung etwas wärmer lagern. Das ist dann die sogenannte Diacetylrast.

Es riecht und schmeckt stechend…

… und erinnert an unreifen grünen Apfel? Dahinter steckt ein zu hoher Gehalt an Acetaldehyd, einer Verbindung, die während der Gärung als Nebenprodukt von der Hefe produziert und an das Jungbier abgegeben wird. Steckt somit in jedem Bier, allerdings in geringer Konzentration. Zu viel davon, und schon ist es ein Bierfehler.

Vermeiden kann man diese unerwünschte Geschmacksnuance unter anderem, indem man das Bier vor dem Trinken ausreichend lang und eventuell wärmer lagert. Dann baut sich die Verbindung in der Regel ab. Gut zu wissen: Auch gestresste Hefe oder eine Infektion können das Fehlaroma auslösen.

Es riecht gemüsig oder krautartig!

Eine Nase gekochtes Gemüse, Sellerie, Kohl oder Zwiebeln gefällig? Dazu eine Prise Hefe im Geschmack? Das verspricht Dimethylsulfid, kurz DMS, eine schwefelhaltige Verbindung, die beim Kochen verschiedener Getreide- und Gemüsesorten entsteht. Das Malz wird zum Übeltäter, wenn die Würze bei falscher Temperatur oder zu kurz gekocht wurde. Beim Hopfenkochen an die lange Kochdauer der Würze halten und den Topfdeckel unbedingt weglassen, so verdampft DMS. Auch wichtig: schnelles Runterkühlen der Würze vor der Hefegabe.

Es riecht und schmeckt käsig

Käse-Aroma, vielleicht gepaart mit Schweiß? Hinter diesem üblen Fehlaroma steckt die Isovaleriansäure. Ursache hier ist in den meisten Fällen gealterter, oxidierter Hopfen. Diesen daher immer kalt lagern, am besten einfrieren und möglichst rasch verbrauen. Ist die falsche Lagerung als Ursache auszuschließen, kann man eventuell der Hefe die Schuld in die Schuhe schieben. Bei einer sogenannten Hefeautolyse wurde das Bier nicht rechtzeitig von der Hefe getrennt. Sie findet keine Nährstoffe mehr, löst sich selbst auf und der Zellinhalt verteilt sich im Bier.

Es schmeckt hefig!

Dieser sogenannte Jungbiergeschmack deutet auf eine unvollständige Gärung hin. Um diesem unangenehmen Geschmack im Selbstgebrauten keine Chance zu geben, muss beim Brauen die empfohlene Temperaturführung beim Gären eingehalten werden. Wichtig: Geduld bei der Nachreifung. Hefe benötigt ausreichend Zeit, sich abzusetzen und sollte zudem nicht aufgewirbelt werden, weil man zum Beispiel die Gärflasche verlagert, beim Hopfenstopfen nicht vorher abgeschlaucht hat oder beim Abfüllen den Bodensatz mit abgepumpt hat.

Es schmeckt pappig!

Nicht haben möchte man den muffigen Pappgeschmack, der auch als nasser Bierdeckel beschrieben wird. Übeltäter dieses Fehlaromas ist die chemische Verbindung E-2-Nonenal. Sie entsteht bereits, wenn die Würze des Selbstgebrauten im Heißbereich stark oxidiert. Daher Vorsicht beim Umrühren und nicht zu viel Sauerstoff unterschlagen. Wichtig außerdem: Am Brautag beim Maischen und Hopfenkochen Zeiten und Temperaturen genau einhalten. Freigesetzt wird E-2-Nonenal erst bei Überalterung des Bieres durch zu warme und zu lange Lagerung.

Es stinkt!

Und zu guter Letzt warnen wir vor dem sogenannten Stinktier-Geruch, auch Lichtgeschmack genannt. Er entsteht, wenn das Bier zu lange und zu starkem Sonnen- oder Kunstlicht ausgesetzt wird. Das gilt quasi ab Hopfengabe! Ignoriert man dies, macht einem nach Öffnen der Flasche ein ranziger bis stinkender Geruch und Geschmack zu schaffen. Umso wichtiger daher, dass der Gärbehälter gut geschützt im Dunklen abgestellt wird und das Selbstgebraute in Braunflaschen und auf keinen Fall in durchsichtige Flaschen abgefüllt wird.

Für Fortsetzer: Einkocher & Co.

—

Wächst die Neugier und der Brau-Drang, gibt es eine Vielzahl an Möglichkeiten, die Küchen-Brauerei auszubauen. Wir stellen drei mögliche Alternativen vor und verraten, wo man noch größere Mengen mit etwas Hilfestellung brauen kann.

Der Einkocher

Der nächste Schritt nach dem Topf ist ein Einkocher. Mit ihm kann man deutlich bequemer einen Sud von bis zu 20 Litern bereiten, denn das ständige Messen der Temperatur übernimmt das eingebaute Thermostat. Wichtig dabei: ein Ablasshahn, ordentlich Power (mindestens 2000 Watt) und ein Fassungsvermögen von etwa 27 bis 30 Litern – das erfüllt zum Beispiel der „Biggie" von Klarstein oder der „WAT 14A" von WECK.

Perfekt für: 20 Liter Sud
Preis etwa: 110–130 Euro

LUST AUF MEHR BIER, ABER OHNE GROSSE INVESTITION?

Wer möchte, kann sich als sogenannter Gipsybrauer in eine kleine Heimbrauanlage einmieten. Bei BrewDog in Berlin-Mariendorf zum Beispiel kann man unter Anleitung einen 20-Liter-Sud eines Bieres der Schotten brauen (Kosten: etwa 145 bis 185 Euro). Für einen größeren Sud, sprich etwa 50 Liter, stellt das Mash Pit in Berlin-Kreuzberg das Equipment zur Verfügung. Hier wird ein gewisser Level an Vorkenntnissen vorausgesetzt, bei Fragen ist aber ein Brau-Assistent vor Ort (Kosten: etwa 85 bis 165 Euro).

Auch möglich: Hobbybrau-Vereine wie etwa in Hannover teilen vereinseigene Anlagen.

Die Malzrohranlage

Einen Schritt weiter geht ein Mini-Brausystem, das nicht nur die Temperatur während des Maischens und des Hopfenkochens hält, sondern auch beim Maischen das Umrühren und beim Läutern sogar die Hauptarbeit übernimmt. Ein solch bequemes System samt elektronischem Steuerprogramm ist zum Beispiel das „Alles-in-einem-Brausystem" von Brew Monk™ oder auch der „Mundschenk" von Klarstein.

Perfekt für: 30 bis 50 Liter Sude
Preis etwa: 330–400 Euro

Das Brausystem

Noch komfortablere Heimbrausysteme sind komplexe Anlagen, die durch den gesamten Brauprozess begleiten. Sie sind relativ kostspielig, nehmen etwas mehr Platz ein, übernehmen dafür aber nicht nur das Enthärten des Wassers, das Maischen und die Temperaturführung, sondern sogar die Kontrolle über Zeit und Temperatur bei der Gärung. Ein Beispiel: die „BrauEule" von BRUMAS Hausbrauerei.

Perfekt für: 20 bis 40 Liter Sude
Preis etwa: ab 2800 Euro

Häufige Fragen
Passende Antworten gibt´s gleich dazu

—

Frei nach dem Motto „Bier wird´s immer!" kann im Grunde kaum etwas schiefgehen. Und wenn es dann doch mal passiert, gehört das übrigens zum (Brau-)Lernprozess dazu. Wichtig dabei: den Brautag mit allen Rohstoffgaben, Temperaturen und Zeiten protokollieren. So weiß man beim nächsten Mal, was gut und was nicht so gut lief. Gibt es jetzt schon Unsicherheiten, kommen hier die häufigsten Nachfragen und Antworten.

Ich habe die Temperatur beim Maischen über- oder unterschritten. Ist das Bier jetzt hinüber?

Natürlich nicht. Das Ziel beim Maischen ist es, möglichst viel Zucker aus dem Malz zu lösen. Das funktioniert am besten bei den in den Rezepten angegebenen Temperaturspannen. Sollte die Temperatur im Topf längere Zeit zu niedrig oder zu hoch sein, ist das nicht schlimm. Trotzdem möglichst zügig korrigieren und den Maischvorgang um einige Minuten verlängern.

Die Gärung ist schon nach 1–2 Tagen vorbei – wird es trotzdem Bier?

Das Geblubber im Gärspund hat bereits nach weniger als 2 Tagen aufgehört? Kein Grund zur Unruhe. Üblicherweise steckt dahinter eine zu hohe Zimmertemperatur – über 20 °C. Dann legt die Hefe einen Turbo ein und vergärt das Bier zwar schneller, erzeugt aber mitunter auch unerwünschte Nebenaromen. Sie schwitzt durch die warmen Temperaturen quasi bei ihrer Arbeit, und wer mag schon Hefe-Schweiß im Bier? Am besten für die Gärung einen kühleren Ort in der Wohnung suchen, dessen Temperatur optimalerweise zwischen 17 und 19 °C liegt.

Eine Ausnahme sind Weizen- und Witbierhefen, die fühlen sich bei Temperaturen um 20 bis 22 °C richtig wohl. Einige belgische Hefen lieben es sogar noch wärmer. Untergärige Hefen, zum Beispiel für Pils, mögen es kühler und arbeiten bei einer Temperatur zwischen 10 und 12 °C am genauesten.

Die Gärung hat nach 2 Tagen noch nicht eingesetzt – was ist passiert?

Startet der Gärungsprozess nicht, kann das verschiedene Ursachen haben. Eventuell entspricht die Umgebungstemperatur nicht den Wohlfühlbedingungen der Hefe und sie stellt sich stur. In den meisten unserer Braurezepte ist eine Gärtemperatur zwischen 17 und 20 °C angegeben. Wenn die Raumtemperatur zu kühl ist, braucht die Hefe länger, um in die Gänge zu kommen. Dann heißt es: Heizung aufdrehen!

Auch möglich: Die Hefe wurde bei der Zugabe nicht ausreichend belüftet und benötigt Sauerstoff. In diesem Fall kann man die Gärung anschieben, indem man die Flasche noch einmal schüttelt. Allerdings nur, wenn die Gärung wirklich noch nicht angelaufen ist. Ab dann sollte die Hefe nämlich ganz in Ruhe ihre Arbeit verrichten.

Eine dritte Möglichkeit könnte sein, dass zu wenig Hefe verwendet wurde, sogenanntes „Underpitching". Mindestens 3 Gramm Trockenhefe bzw. 15 ml Flüssighefe sollten es bei obergärigen Bieren schon sein, bei untergärigen Bieren sogar deutlich mehr. Wurde der Fehler schnell bemerkt: einfach etwas zusätzliche Hefe nachgeben. Sind bereits einige Tage vergangen und es bildet sich schollenartig ein weißlicher Film auf dem Bier, der nach und nach zusammenwächst, dann ist dies Kahmhefe. Sie macht sich durch fehlende Konkurrenz der Bierhefe breit. Dann hilft leider nur: Weg mit dem Bier!

Heißt das für die hinzuzugebene Hefemenge dann nicht: „Je mehr, desto besser?"

So einfach ist es leider auch nicht. Zu viel Hefe, sogenanntes „Overpitching", tut dem Bier auch nicht gut. Die Hefezellen vermehren sich durch die Vielzahl an Konkurrenten nicht ausreichend und es entstehen flache, „körperlose" Biere mit einem stark wahrnehmbaren Hefegeschmack.

Die Gärung läuft bereits ein paar Tage und auf dem Bier bildet sich dicker weißer oder brauner Schaum. Geht das mit rechten Dingen zu?

Kein Grund zur Unruhe, denn genau so soll es laufen. Dieser dickliche weiße oder braune Schaum sieht zwar etwas gewöhnungsbedürftig aus, aber tatsächlich ist das ein Nebenprodukt der fleißigen Hefe. Sie fühlt sich offenbar pudelwohl und verrichtet ihre Arbeit – mit allem, was nun mal dazugehört. Am Ende der Hauptgärung wird dieser Schaum übrigens fast oder ganz verschwunden sein.

Das fertige Bier schmeckt hefig – was lief schief?

Die Wartezeit ist rum, das erste Bier geöffnet und beim Probeschluck kommt ein etwas hefiger Geschmack durch? Dann die Flaschen am besten noch eine Woche stehend im Kühlschrank lagern. Die Hefepartikel sinken nach und nach auf den Flaschenboden und das Hefe-Aroma wird merklich weniger. Ganz nebenbei wird das Bier dann auch klarer.

Das fertige Bier schmeckt nicht nur hefig, sondern auch säuerlich – was hab ich falsch gemacht?

Schmeckt es nicht nur leicht nach Hefe, sondern auch noch säuerlich, kann es helfen, dem Bier eine weitere Woche Zeit zum Reifen zu geben. Hat es dann immer noch den unerwünscht säuerlichen Geschmack, kann eine Infektion der Grund sein. Bedeutet: wilde Hefen oder Laktosebakterien kommen als Verdächtige in Frage. Sie haben sich in der Würze vermehrt und wohlgefühlt. Wer nicht schon immer mit Sauerbieren starten wollte, kann nun lediglich einen zweiten Brauversuch starten und in den Brauphasen, in denen das Jungbier am empfindlichsten ist, NOCH mehr achtgeben.

Das Selbstgebraute hat zu wenig oder zu viel Kohlensäure. Was lief denn da falsch?

Vor der Flaschenreifung wird die Hefe mit etwas Zucker angefüttert, um Kohlensäure zu bilden. Das ist auch die Stellschraube, wenn man mehr oder weniger Kohlensäure im Bier haben möchte. Mehr Zucker erhöht und weniger Zucker senkt den Kohlensäuregehalt. Im Braubedarf findet man dafür zum Beispiel unter www.brau-guide.de/shop eine praktische Dosierhilfe für alle Flaschengrößen. Wenn das Bier allerdings wie ein Springbrunnen aus der Flasche sprudelt, handelt es sich vermutlich um sogenanntes Gushing (mehr dazu auf der nächsten Seite).

Einige abgefüllte Flaschen zerbersten während der Flaschengärung – wie kommt das?

„Flaschenbomben", wie sie unter Hobbybrauern liebevoll genannt werden, treten auf, wenn während der Reifung zu viel Druck in den Bierflaschen entsteht. Das kann verschiedene Gründe haben:

Die Gärung war noch nicht beendet und das Bier wurde zu früh in Flaschen abgefüllt. In diesem Fall hat die Hefe noch zu viel Nahrung und produziert weiter Kohlensäure, das in den verschlossenen Bierflaschen aber nicht mehr entweichen kann. So baut sich immer mehr Druck auf, der schließlich zum Platzen der Flaschen führt. Um das zu vermeiden, sollte die Mindestzeit von 10 Tagen bei der Gärdauer auf jeden Fall eingehalten werden. Vor dem Abfüllen noch einmal genau prüfen, ob auch wirklich keine Aktivität mehr im Gärspund zu sehen ist – also kein Blubbern über mehrere Minuten.

Ein weiterer Grund kann sein, dass die Bierflaschen zu voll gefüllt wurden. Beim Abfüllen mindestens zwei Finger breit Platz unter dem Verschluss für den Druckaufbau lassen.

Auch vom manchmal empfohlenen Sterilisieren der Flaschen im Backofen raten wir ab, denn so kann das Glas bereits durch kleine Risse vorgeschädigt sein und bei Druck schnell zerbersten.

Eine gute Idee ist es daher, die Bierflaschen während der Reifung sicher zu verstauen, zum Beispiel in einem Karton oder dem großen Brautopf.

Am Boden der Bierflaschen hat sich etwas abgelagert. Ist das normal?

Ja, das ist vollkommen normal. Das Selbstgebraute ist naturtrüb und ungefiltert. Das hat zum Vorteil, dass die meisten Vitamine, Mineralstoffe und auch Geschmacksstoffe erhalten bleiben. Schenkt man vorsichtig ins Glas ein, bleiben Hefe und Trubstoffe am Flaschenboden. Eine simple Methode, das Bier etwas zu filtern: Ein gut desinfiziertes Teesieb beim Befüllen der Gärflasche über den Trichter legen. So gelingt es, einen Großteil der Hopfenpartikel aus der Würze zu filtern.

Beim Einschenken ins Bierglas bildet sich kein Schaum oder nur sehr wenig?

Auch hier kann die Gabe von zu wenig Zucker bei der Nachgärung dahinterstecken. Außerdem: Das Bierglas muss unbedingt sauber und fettfrei sein, damit sich Schaum bildet. Auch die Trinktemperatur spielt eine wichtige Rolle: Je wärmer das Bier ist, desto mehr schäumt es auch. Generell ist die Schaumkrone bei hopfenbetonten Bieren und solchen mit hohem Weizenmalzanteil stabiler und dichter.

Wie lange ist das fertige Bier haltbar?

Das kann man pauschal nicht beantworten, da es auch ein bisschen darauf ankommt, wie sauber gearbeitet wurde. Mindestens 12 Wochen kann das Bier aber problemlos getrunken werden. Weizen- und Witbiere schmecken allerdings meist besser, wenn man sie relativ frisch trinkt. Dunkle Biere, wie etwa unser Coffee & Cream Stout oder das Oaked Scotch Ale, vertragen hingegen sehr lange Reifezeiten und schmecken nach einigen Monaten oft noch besser!

Das fertige Bier schäumt nach dem Öffnen der Flasche stark über!?

Das kann die Folge einer Infektion mit Keimen oder mit unerwünschten Hefesporen aus der Luft sein. Eine zweite Möglichkeit ist das sogenannte „Gushing". Das ist ein seltenes Phänomen, das auch hin und wieder bei Großbrauereien auftritt und dessen Ursache noch nicht gänzlich geklärt ist. Der Effekt wird oft abgemildert, wenn die Flaschen mindestens eine Woche im Kühlschrank gelagert werden. Hilft auch das nicht: Austrinken, was in der Flasche bleibt, und einen neuen Brauversuch starten!

Wie bekomme ich meine Gärflasche am besten sauber?

Während der Gärung entsteht Schaum, der Hopfen- und Hefepartikel enthält. Fällt der Schaum zum Gärende in sich zusammen, bleiben diese Partikel an der Gärflasche hängen und sorgen für hartnäckige Verkrustungen. Zum Entfernen einfach die Gärflasche mit heißem Wasser und etwas Oxi-Braureiniger füllen, eine Stunde ziehen lassen, ausspülen, fertig. Der Reiniger löst mit der Zeit die Partikel von der Glasflasche.

Ein großes Dankeschön

Gilt auch in diesem Buch an erster Stelle den beiden Menschen, die Buchseite für Buchseite nicht nur mit einem perfekten Zusammenspiel aus Illustrationen und Layout gefüllt haben, sondern vor allen Dingen mit Leben: Ole Schleef und Tina Polster, die noch mal so verrückt waren, ein so aufwendiges Buchprojekt umzusetzen.

Das nächste große Dankeschön geht an Mikko Jania, Markus Kohrt, Stefan Endrigkeit und Hendrik Lopau für ihre Rufbereitschaft im Hinblick auf knifflige Hobbybrauer-Fragen aus der Praxis.

Wir danken unseren Rohstoff-Paten: Dr. Christina Schönberger von Barth Haas, die unser Hopfenkapitel einem gründlichen Expertencheck unterzogen hat, Christian Wilke von der Mälzerei Weyermann, der unseren Malz-Geschichten den letzten Schliff gegeben hat, und Brian Schlede von BrewCraft, der unser Hefe-Kapitel mit Begeisterung auf den richtigen Weg gebracht hat. An dieser Stelle ein zweites Danke an Markus Kohrt, Deutschlands Hobbybraumeister 2019, dem wir das Wasser-Kapitel aufs Auge drücken konnten.

Nicht fehlen durfte bei der Arbeit am Brau-Guide natürlich Birgit Rieber, die uns mit ihrer Expertise bei den Bierstilen Sicherheit gab.

Außerdem danken wir unseren Braumeister/-innen. Lady first und dann in alphabetischer Reihenfolge: Ulrike Genz (Schneeeule), Henok Fentie (Omnipollo), Ralph Hertrich (VETO), Ian Pyle (Ratsherrn), Thorsten Schoppe (Schoppe Bräu) und Oliver Wesseloh (Kehrwieder Kreativbrauerei). Sie alle haben sich Zeit genommen und uns ihre Geschichte erzählt. Nicht zu vergessen: der Blick in ihre Rezeptbücher mit Bier zum Nachbrauen vom Pale Ale bis zum Quadrupel. Ein besonderes Dankeschön geht an Jean Pütz, der sich ganz unkompliziert bereit erklärte, uns im Rheinland zu empfangen, damit wir endlich erfahren, wie er die Behörden für die Hobbythek-Folge 1982 zum Umdenken bewegt hat.

Danke natürlich an unseren Agenten Thomas Schmidt, dessen erste Verwunderung über das Bierbrauen nun hoffentlich in Selbstgebrautem mündet. Wir danken dem Heyne Verlag, der sofort an diese Buchidee geglaubt hat, allen voran unserer Lektorin und Dr. Michael Schmidt, der sich sofort bereit erklärt hat, den Nachfolger des Bier-Guides zu lektorieren. Prost und danke an Lars Meier für seine Unterstützung. Nicht zu vergessen: Danke schön an Kathy Gabel und Martin Macke, die uns den Rücken freigehalten haben.

Glossar

Abziehen

So nennt man das Abpumpen einer Flüssigkeit aus einem Gefäß – wie etwa das Abpumpen des Jungbiers aus der Gärflasche.

Alphasäuren

Die im Hopfen enthaltenen Alphasäuren werden während des Hopfenkochens zu Iso-Alpha-Säuren umgewandelt und bringen maßgeblich die Bittere ins Bier.

Anstellen

Das Anstellen beschreibt im Brauprozess den Moment des Hinzufügens der Hefe zur Würze in der Gärflasche.

Autolyse

Findet die Hefe keine Nährstoffe mehr, beginnt sie, sich selbst aufzulösen. Das ist die sogenannte Autolyse, die leider zu einem unangenehmen Beigeschmack im Selbstgebrauten führt, der als muffig oder ranzig beschrieben wird.

Basismalz

Bei einer Schüttung gibt es Malzarten, die immer den Hauptanteil ausmachen müssen. Hier spricht man von den sogenannten Basismalzen. Dazu kommen dann je nach Rezept Geschmacks- und Farbgeber hinzu wie etwa: Rauch-, Röst-, Whisky- oder Karamellmalz.

Biergattungen

Dies entspricht einer von der Bierverordnung verlangten Klassifizierung von Bieren anhand des Stammwürzegehalts. Demnach gibt es die Biergattungen Einfachbier, Schankbier, Vollbier und Starkbier.

Bierstil

Ein Bierstil wie etwa das klassische Pils, das belgische Witbier oder das englische Stout beschreibt eng verwandte Biere, die bestimmte Merkmale teilen. Man geht von etwa 150 Bierstilen weltweit aus.

Bittereinheit

Diese Einheit, auch IBU (International Bitterness Unit) genannt, beschreibt als Wert die Bittere eines Bieres. Sie entspricht den Alphasäuren aus dem Hopfen im fertigen Bier. Eine Einheit entspricht dabei 1 mg gelöste Alphasäure.

Darren
Dies beschreibt einen Vorgang in der Mälzerei, bei dem das Grünmalz durch Hitze getrocknet wird. Das Darren stoppt die Keimung, gleichzeitig werden Farbe und Geschmack des Malzes entschieden.

EBC-Wert
Um die Farbe beziehungsweise Farbstärke eines Bieres zu beschreiben, wird diese nach einer in Europa geltenden, durchnummerierten Farbskala durch den sogenannten EBC-Wert definiert. Die Abkürzung EBC steht hier für European Brewery Convention.

Ester
Diese Stoffgruppe entsteht während der Gärung als Gärnebenprodukt der obergärigen Hefe und sorgt für zumeist fruchtige Aromen im fertigen Bier. In untergärigen Bieren sind Ester kaum enthalten.

Fuselalkohole
Als Nebenprodukte der Gärung und wichtige Aroma- und Geschmacksträger sind Fuselalkohole nicht unbedingt unerwünscht, auch wenn sie mitverantwortlich sind für den Kater. Obergärige Biere enthalten weitaus mehr Fuselalkohole als untergärige.

Gärnebenprodukte
Hefe produziert während der Gärung neben Alkohol und Kohlensäure auch Produkte wie etwa Ester oder Fuselalkohole. Bei untergärigen Hefen ist dieser Anteil deutlich geringer, die Biere sind daher neutraler im Geschmack.

Hauptgärung
Dies ist der Vorgang in der Gärflasche, bei dem ab Hefegabe die Hefe ihre wichtige Arbeit aufnimmt und den Zucker in Alkohol und Kohlensäure verstoffwechselt.

Hauptguss
Brauwasser wird in Teilmengen beim Brauen hinzugefügt. Der Hauptguss ist die erste Menge im Kochtopf, in die das geschrotete Malz eingemaischt wird.

Hopfengabe
Hopfen kann in verschiedenen Phasen des Brauprozesses hinzugefügt werden, unter anderem beim Hopfenkochen wie auch bei der Kalthopfung. Dies entspricht jeweils einer Hopfengabe.

Hopfenstopfen
Siehe Kalthopfung

IBU
Siehe Bittereinheit

Infektion
Hiermit beschreiben Brauer einen Kontakt der Würze mit schädlichen Mikroorganismen.

Jungbier
Frisch gebraut, aber noch nicht gereift? Dann spricht man nach der Hauptgärung von Jungbier, das noch gelagert werden muss, um seinen Geschmack zu entwickeln.

Kalthopfung
Das ist eine Form der Hopfengabe, die, wie der Name verrät, im Kaltbereich passiert. Sprich: Der Hopfen wird nach der Hauptgärung hinzugefügt, dabei werden Aromastoffe und kaum Bitterstoffe aus dem Hopfen gelöst. Auch Hopfenstopfen oder dry hopping genannt.

Karbonisierung
Die Zuckerzugabe bei der Flaschenabfüllung ist beim Hobbybrauen eine einfache Möglichkeit der Karbonisierung, sprich des Entwickelns von Kohlensäure.

Kräusen
Der Schaum, der sich während der Hauptgärung auf der Bierwürze bildet und mit viel Fantasie an krauses Haar erinnert, nennt sich Kräusen.

Lager
Die Bezeichnung für untergärig im englischsprachigen Raum, gleichzeitig aber auch ein Bierstil untergäriger Vollbiere.

Läutern
So nennt man das Trennen von flüssigen und festen Bestandteilen beim Bierbrauen. In der Küchenbrauerei gelingt dies durch den Einsatz eines großen Küchensiebs.

Lupulin
Mehlartiges Pulver in den Lupulindrüsen der weiblichen Hopfendolde.
Es enthält die für das Brauen wertvollen Inhaltsstoffe.

Glossar

Maische
Wenn am ersten Brautag das Brauwasser mit dem geschroteten Malz vermischt wird, entsteht im Kochtopf die Maische. Durch das Erwärmen dieser Maische in verschiedenen Rasten beginnen Enzyme, Stärke in Malzzucker umzuwandeln. Den wiederum benötigt die Hefe später.

Mälzen
Getreide wird in der Mälzerei durch einen kontrollierten Keimvorgang in Malz umgewandelt. Durch dieses sogenannte Mälzen bildet das Korn wichtige Enzyme und kann so für das Brauen verwendet werden.

Nachgärung
Diese entspricht der Zeit nach der Flaschenabfüllung, in der nicht nur die Karbonisierung stattfindet, sondern sich auch der Jungbiergeschmack abbaut, hinter dem die Verbindung Acetaldehyd steckt.

Nachguss
Bei Brauwasser, das nach dem Läutern je nach Rezept in mehreren Teilmengen vorsichtig über den Treber gegeben wird, um diesen mit jedem Guss gründlich auszuwaschen, spricht man vom Nachguss.

obergärig
Diese Hefeart arbeitet bei Temperaturen zwischen 16 und 24 Grad. Charakteristisch für obergärige Hefen: Sie bildet viele Gärnebenprodukte, die Bieren unter anderem fruchtige Aromen verleihen.

Plato
Die Stammwürze, also der Zuckergehalt in der Würze, wird in der Einheit „Grad Plato" bemessen. Abgekürzt wird dies mit °P.

Rasten
Die verschiedenen Phasen während des Maischens, in denen eine konstante Temperatur eine gewisse Zeit gehalten werden muss, nennt man Rasten. Mit ihnen gibt man Enzymen die optimalen Bedingungen für chemische Umwandlungen.

Reinzuchthefe
Hierbei handelt es sich um beim Brauen gezielt eingesetzte, gezüchtete Stämme völlig gleicher Heferassen, die frei von Begleitorganismen sind und den Geschmack eines Bieres steuerbar machen.

Restextrakt

So bezeichnet man den Extrakt, der während oder nach der Gärung noch im Jungbier enthalten ist. Gemessen wird der Gehalt in „Grad Plato" – abgekürzt °P.

Rezenz

Die sogenannte Rezenz beschreibt den Frischeeindruck beim Trinken eines Bieres und wird maßgeblich von der im Bier enthaltenen Kohlensäure bewirkt.

Rohfrucht

Von Rohfrucht spricht man bei ungemälztem Getreide oder anderen stärkehaltigen Rohstoffen, die traditionell in der Schüttung verschiedener Bierstile eingesetzt werden.

Schüttung

Je nach Braurezept wählt man eine bestimmte Mischung und Menge verschiedener Malzsorten – oder eben nur einer Sorte. Das ist die sogenannte Schüttung.

spontanvergoren

Bei einer Spontangärung leiten wilde Hefesporen zum Beispiel aus der Luft den Gärprozess an.

Stammwürze

Sie beschreibt den Anteil des Malzzuckers in der Würze vor der Gärung. Angegeben in Grad Plato entscheidet sie über den späteren Alkoholgehalt des Biers.

Sud

Das ist genauso eine gängige Bezeichnung für die fertige Würze, wie die Beschreibung eines kompletten Brauvorgangs.

Treber

Setzen sich die Spelzen des Gerstenkorns beim Läutern im Küchensieb ab und bilden eine Filterschicht, nennt man dies Treber. Er kann zum Beispiel als gesunde Zutat zum Brotbacken verwendet werden.

untergärig

Die untergärige Hefe arbeitet schonend und vor allen Dingen am saubersten bei Temperaturen zwischen 6 und 12 Grad Celsius.

Vollmundigkeit

Schmeckt ein Bier vollmundig, ist es im Antrunk körperreich und eben voll im Geschmack. Ausgemacht wird dies durch den Alkohol- sowie Restextraktgehalt.

Vorderwürzehopfung

Bei diesem Vorgehen wird der Hopfen bereits beim Läutern hinzugegeben. Sprich: Er wird „vorgelegt". Ziel ist es, ein besonders ausgewogenes, feines Aroma zu erzeugen.

Würze

Das ist beim Bierbrauen der flüssige, vergärbare Teil der Maische. Die Würze beim Brauen entspricht dem Most bei der Weinherstellung.

Register

Register

Wer kein Bier hat, hat nichts zu trinken.

Martin Luther

Bücher, Shops & Weblinks

Bücher zum Vertiefen

Bier brauen
Jan Brücklmeier, 2018
Ulmer Verlag
Bierbrau-Bibel für Fortgeschrittene

Brygg öl
Henok Fentie, Karl Grandin, 2013
Natur & Kultur
Braubuch der Omnipollo-Gründer

Craft-Bier einfach selber brauen
Ferdinand Laudage, 2017
Ulmer Verlag
Guter Einstieg für Anfänger

Noch mehr Craft-Bier selber brauen
Ferdinand Laudage, 2018
Ulmer Verlag
Vertiefendes Wissen für Anfänger

50 Craft-Bier-Rezepte
Ferdinand Laudage, 2019
Ulmer Verlag
Jede Menge 20-Liter-Rezepte

Radical Brewing
Randy Mosher, 2004
Brewers Publication
Englischsprachiges Braubuch

Historical Brewing Techniques
Lars Marius Garshol, 2020
Brewers Publication
Alles rund um Farmhouse Ales

Bier. Das Buch
Urs Willmann, 2019
Kampa Verlag
Amüsante Bierlektüre

#instabier #biertrinken #beerlover
#microbrews #craftbeer #brewing
#brauen #beerblog #homebrew
#bierselberbrauen #lieblingsbier
#hobbybrauer #beerstagram

Heimbrau-Shops

AmiHopfen.com
Online-Shop für Equipment,
Rohstoffe & Selbstbauteile
www.amihopfen.com

Beckmanns Braumischung
Online-Shop für einzelne Rohstoffe
& Braumischungen ab 10 Liter
www.braumischung.de

besserbrauer
Online-Shop des Co-Autors mit
Braupaketen zum Gleichloslegen
www.besserbrauer.de

brauen.de
Online-Braushop mit großem
Sortiment & Infoteil
www.brauen.de

Braufreude
Online-Shop für Zubehör,
Rohstoffe & YouTube Braukurse
www.braufreude.de

Braupartner
Online-Shop mit Zubehör,
Rohstoffen & Servicethemen
www.braupartner.de

BrewCraft
Hamburger Brauereieinkauf mit
Hobbybrauerverkaufstag vor Ort
www.brewcraft.de

Brouwland
Belgischer Online-Versand
für Hobbybrauer
www.brouwland.com

candirect Getränkesysteme
Rohstoffe zum Brauen und vor allem
auch jede Menge Equipment
www.candirect.eu

Flaschenbauer
Bierflaschen zum Abfüllen
sowie Kronkorken
www.flaschenbauer.de

Hopfen der Welt
Hopfen-Online-Shop mit großer
Auswahl an Sorten
www.hopfen-der-welt.de

Hopfen & mehr
Online-Anbieter für jede Menge
Hobbybrau-Artikel
www.hobbybrauerversand.de

MashCamp / Beer Store Vienna
Österreich. Web-Shop, plus Rezepte,
Blog & Ladengeschäft in Wien
www.mashcamp.shop

Pfalz Malz
Auf Malz spezialisierter Shop für
Hobbybrauer und Kleinbrauereien
www.pfalzmalz.de

Sevibräu
Hobbybrauer-Shop in der Schweiz
mit über 2500 Produkten
www.bierbrauzubehoer.ch

Taunusbrauer
Online-Shop und Ladengeschäft
nahe Frankfurt am Main
www.taunusbrauer.de

Brau-Blogs & Foren

www.hobbybrauer.de
Großes Hobbybrauer-Forum
mit regem Austausch und geballtem
Wissen der Community

www.fabier.de
Sehr simple, aber auch hilfreiche
Webseite mit verschiedenen
Berechnungs-Tools rund um das
Selbstgebraute

www.braumagazin.de
Online-Magazin von und für
Hobbybrauer mit immenser Fülle
an Artikeln

www.maischemalzundmehr.de
Praktische Tools zum Beispiel für
die Wasseraufbereitung und die
Karbonisierung

www.hopfenmaedchen.com
Bier&Brau-Blog von Gracia Sacher
mit Rezepten, Brauberichten und
Bier-Tests

www.craftbeer-revolution.de
Deutsche Bier-Community mit
Interviews und Lexikon zum Thema
Bier und Brauen

www.hopfenhelden.de
Online-Magazin mit einer Fülle
an aktuellen Artikeln rund um
das Thema Craft Beer

www.braureka.de
Rezepte, Wissenswertes & Online-
Werkzeuge für Hobbybrauer

→ www.brau-guide.de